삶이 무거울 때
채근담을 읽는다

삶이 무거울 때 채근담을 읽는다

사쿠 야스시 엮고 지음

임해성 옮김

안티레스

《채근담(菜根譚)》은 널리 알려진 대로 중국 명나라 말기 홍응명(洪應明)이라는 사람이 지은 책이다. 홍응명의 자(字)는 자성(自誠)이고 호(號)는 환초(還初)다. '채근(菜根)'은 '풀뿌리', '나물뿌리'를 말한다. 《소학(小學)》에 인용된 송나라 때 학자 왕신민(汪信民)의 "사람이 항상 나물뿌리를 씹어 먹고 살 수 있다면, 능히 백 가지 일을 이룰 수 있다(人常咬得菜根, 則百事可做)"는 말에서 따온 것이다. 참된 인간이 되기 위해서는 쓰디쓴 나물뿌리를 꼭꼭 씹어 삼켜야 한다는 뜻이다. '채근'에는 소박한 식사라는 뜻도 있으므로, 검소하게 살면서 꾸준히 공부함으로써 인격을 함양할 수 있다는 의미도 담고 있다. 담(譚)은 담(談)과 같은 뜻으로, '이야기'다. '교훈이 담긴 담담한 이야기' 정도로 이해하면 된다.

요즘처럼 먹을거리가 풍요로운 세상에서 질기고 딱딱한 나물뿌

삶이 무거울 때 채근담을 읽는다

리를 먹고 살겠다는 사람은 없을 것이다. 실제로도 예전 사람들과 지금 사람들은 얼굴형에서 차이가 있다. 과거에는 마치 야구장의 홈베이스 모양처럼 턱이 발달한 사람들이 많았다. 현재에는 갸름한 턱선을 가진 사람들이 대부분이다. 의학계에서는 부드러운 음식을 먹고 자라서 턱 근육이 발달하지 않았기 때문이라고 분석한다. 그 결과 남녀를 불문하고 미인이 많아졌다. 다들 예쁘고 잘생겼다.

우스갯소리는 그만하고, '채근'이 품은 의미는 나물뿌리를 씹어 먹는 마음가짐으로 인생을 산다면 아무리 어렵고 힘든 일이 있더라도 꿋꿋이 이겨낼 수 있다는 데 있다. 어금니를 꽉 물고 버티며 쓰러지지 않는 저력을 발휘할 수 있다는 것이다. 더욱이 '채근'에는 삶을 살아가면서 받아들여야 할 진실은 거창한 게 아니라, 나물뿌리처럼 소박하고 담백한 것에 있다는 의미도 담겨 있다.

이렇듯 《채근담》은 우리가 곱씹어야 할 삶의 교훈을 얻을 수 있는 책이다. 삶이 무거울 때 《채근담》을 꺼내 음미해보자. 고전(古典)이라서 읽기 어렵고 고리타분하리라는 생각이 들지도 모르겠지만 의외로 그렇지 않으며, 특히 우리와 같은 동양 사람들의 정서에 맞는 내용으로 이뤄져 있기에, 일단 읽기 시작하면 자연스럽게 받아들일 수 있을 것이다. 특히 이 책에서는 한자로 쓰인 원문을 그대로 직역했을 때 오늘날의 상황에 비추어 의미가 곡해되거나 어려워지는 부분은 풀어서 설명하고 있으니 문장의 의미와 깊이를 이해하는 데 큰 어려움은 없을 것이다.

《채근담》의 지은이 홍응명은 과거시험에 합격한 뒤 한때 벼슬을 얻어 관료 생활을 하기도 했지만, 출세에 뜻이 없어 만년에 은거하며 저작 활동에 몰두했다는 것 말고는 알려진 바가 거의 없다. 그저 그가 쓴 《채근담》을 통해 살아생전의 삶을 유추해보자면, 벼슬길이 순탄치 못했고 온갖 중상비방(中傷誹謗)에 시달렸던 것으로 보인다. 당연한 말이지만 만약 그가 세속적으로 성공한 삶을 살았다면 《채근담》은 나오지 못했을 것이다.

당시 벼슬을 얻으려면 과거시험을 치러야 했기에, 그는 어릴 적부터 유학을 배워야 했다. 그래서 과거시험에 합격할 정도면 유학에 정통한 사람이 되는 법이지만, 홍응명은 온갖 인생의 고난과 좌절을 겪으면서 폭넓게 불교와 도교에도 눈을 돌렸고, 이렇게 유학과 불교 그리고 도교가 혼연일치되는 자신만의 처세 철학을 수립하는 경지에 이르렀다. 그런 점에서 그는 "모름지기 사람은 많은 역경을 겪은 뒤에야 비로소 훌륭한 인물이 될 수 있다"는 말의 전형이라고 할 것이다.

일찍이 중국에서 정치가나 관료 가운데 큰 좌절을 겪은 이들이 불교나 도교에 심취해 울분을 달래는 경우가 드물지 않았지만, 홍응명은《채근담》에서 세속적 욕망을 부정하거나 굳이 초야에 묻혀 지낼 필요는 없다고 이야기한다. 오히려 세속에 머물면서 세속을 바로잡고자 한다는 것이 이전의 은둔지향적인 책들과 사뭇 다르다.

실패를 경험한 이들이 말하는 인생 교훈담은 세상을 향한 원망의 넋두리로 흐르기 쉬운데,《채근담》은 그것을 넘어 후대를 살아갈 이들에게 삶의 참된 의미를 전하려는 마음을 잃지 않았다는 점에서 공자(孔子)의 가르침을 체현한다고도 볼 수 있을 것이다.

특히 흥미로운 부분은 홍응명이 자연을 바라보는 시각이다. 시대를 앞서간 선견지명을 엿볼 수 있다. 그는 자연을 세속을 벗어나 피난처로 삼는 대상으로 바라보지 않았다. 어디든 자연이었다. 자연과 융화된 삶의 방식이 인간과 인간 사회가 갖춰야 할 바람직한 모습으로 여겼다.

오늘날 세계는 역사적으로 유례없는 번영을 이루고 있는 듯 보이지만 실상은 문제로 가득 차 있다. 끌어다 쓸 자원은 빠르게 고갈되고 있으며, 개인과 국가의 빚은 점점 늘어나고 있다. 환경 파괴는 지구의 기후 자체를 변하게 만들었고, 지진과 쓰나미 등의 자연재해를 유발하고 있다. 정치는 여전히 혼란스러우며, 양극화는 더욱 심화되고, 혐오와 반목은 갈수록 악화되고 있다. 이런 때일수록 우리는 무작정 현실을 비관하거나 나와 생각이 다른 사람들을 배척할 것이 아니라, 세상을 있는 그대로 직시하고 제대로 바라보면서 무엇이 문제이고 어떻게 바로잡아나가야 하는지 생각해보는 기회로 삼아야 할 것이다. 요즘 같은 상황이야말로 《채근담》이 담고 있는 지혜와 정신을 살릴 최적의 시기다.

《채근담》을 새롭게 엮은 이 책《삶이 무거울 때 채근담을 읽는다》는 제목에서와 같이 《채근담》에서 주제에 어울리는 내용을 선별해 각 장의 제목과 해설을 덧붙여 지은 것이다. 《채근담》은 '전집(前集)' 225장과 '후집(後集)' 134장으로 모두 359장으로 이뤄져 있는데, 그중 전집에서 90장과 후집에서 29장을 뽑아 범주를 나눈 뒤 119장으로 구성했다. 분량으로 보면 3분의 1 정도이나, 원문에 비슷한 내용의 장이 중복되는 경우도 있고, 이 책에서 말하려는 요지에 맞춰보더라도 적당하다고 생각한다. 아울러 본래의《채근담》이 담고 있는 주제의식에서 벗어나지 않으니 크게 염려하지 않아도 될 것이다.

《채근담》은 현실의 냉혹함을 돌파하기보다는 한 걸음 뒤에서 조용히 세상을 바라보라는 관점을 견지하고 있기 때문에 "나이 먹은 사람들이나 읽는 책"이라는 인식이 있다. 숨가쁘게 돌아가는 현대 사회에서 변화와 혁신이 강조되는 현실과 동떨어져 있다고 평가받기도 한다. 그러나 홍응명이 과연 자신처럼 산전수전 다 겪은 사람들더러 읽으라고《채근담》을 썼을까? 아닐 것이다. 후손들이라도 자기가 깨달은 도리를 토대로 인생을 살게 하고 싶다는 마음에서였을 것이다. 또한 우리를 힘들고 외롭게 만드는 것이 바로 그 세상의 속도 앞에서 끊임없이 강요되는 근면과 쇄신이다. 몸은 바쁠지언정 마음만은 여유로워야 하지 않을까? 이 책을 읽고 여러분의 삶이 조금이라도 가벼워질 수 있다면 그보다 더한 기쁨은 없을 것이다. 이제 나물뿌리를 씹고 또 씹으면서 그 맛과 향을 음미해보자.

| 차례 |

제2장

남부끄럽지 않은
삶을
생각하다

제3장

삶의 무게를
생각하다

제4장

더불어 사는
삶을
생각하다

제5장

잘되고 싶은
나를
생각하다

○

남을 이길 재주도, 특기도, 개성도 없고,

주변 사람들에게 묻혀서 주목받을 일도 없는 사람.

평범하디 평범한 삶이라서 괴로울 일도, 즐거울 일도 없는 사람.

그런 사람일수록 사람으로서의 품격을 생각해야 한다.

특별한 사람에게만 품격이 있을까?

그렇지 않다.

품격은 누가 주는 것이 아니다.

평범한 삶에 감사하면서,

자신만의 삶을 품격 있게 즐기자.

제1장

사람의 품격을
생각하다

어른의 염치를 안다는 것

권력과 이익, 명예와 사치를 가까이하지 않는 사람은 깨끗하다.

가까이하더라도 물들지 않는 사람은 더욱 깨끗하다.

권모술수를 모르는 사람은 고상하다.

알더라도 쓰지 않는 사람은 더욱 고상하다.

—— 전집 4

勢利紛華, 不近者爲潔.
近之而不染者爲尤潔.
智械機巧, 不知者爲高.
知之而不用者爲尤高.

─────　세상에 완전한 사람은 없다. 하지만 완전한 사람이 되려는 사람들은 많다. 자신이 꿈꾸는 모습과 현재의 자기 모습을 비교하다 보면 자꾸 현실을 부정하고 외면하게 된다.

거기에서부터 불행이 싹튼다. 그러지 말자. 세상에 휘둘리고 상처도 받으면서 조금씩 계속 성장해나가는 자기 자신을 바라봐주자. 삶은 그렇게 바뀌는 것이다.

이 세상에 막 태어난 아기의 마음은 순수함 그 자체다. 우리는 어른이기에 그렇지 못하다. 그래도 우리는 '아기의 순수함'과는 다르지만 '어른의 염치'는 찾을 수 있다.

우리는 이미 순수할 수 없으니 부끄러움을 아는 사람이 돼야 할 것이다.

욕심을 버리면 마음이 가볍다

뛰어난 사람이 되기 위해 위대한 성취를 이루지는 못하더라도, 세속의 평판을 얻으려는 욕심을 버린다면 훌륭한 부류에 들 수 있다. 배움을 대할 때 빼어난 지식을 익히지는 못하더라도, 이리저리 휘둘리는 마음을 줄여나간다면 성인의 경지에 이를 수 있다.

―― 전집 14

作人, 無甚高遠事業, 擺脫得俗情, 便入名流.
爲學, 無甚增益工夫, 減除得物累, 便超聖境.

삶이 무거울 때 채근담을 읽는다

─────── 사람의 욕심에는 한계가 없다. 그래서 더 많은 것을 바라게 된다. 하지만 욕망에 휩싸여 있는 동안에는 만족감을 얻을 수 없고 행복해질 수 없다.

성공하려는 노력과 동기부여는 물론 중요하다. 그런데 진정으로 자신이 원하는 성공인지가 더 중요하다. 남들이 부러워할 만한 성공을 이루더라도 스스로 마음이 충족되지 않는다면 아무런 의미가 없다. 자신이 하고 싶은 것, 해야 하는 것을 찾아야 한다. 그것을 실천하는 과정이 나의 인생이며 누구도 범접할 수 없는 나만의 개성이 되기 때문이다.

고요하지만 강인한 마음을 갖는다

움직이기를 좋아하는 사람은 구름 사이를 내달리는 번개나 바람
앞에 흔들리는 등불과 같고, 고요함을 즐기는 사람은 불씨를 잃어
버린 재나 말라비틀어진 나뭇가지와 같다.

하늘에 머문 구름이나 잔잔한 물처럼 언뜻 보기에는 고요해 보여
도, 솔개의 날갯짓과 물고기의 펄떡임을 품고 있으니, 이것이야말
로 도를 깨우친 사람의 마음이다.

—— 전집 22

好動者, 雲電風燈, 嗜寂者, 死灰槁木.
須定雲止水中, 有鳶飛魚躍氣象, 總是有道的心體.

　　　　　　　　　　　삶이 무거울 때 채근담을 읽는다

───── '목계지덕(木鷄之德)'이라는 말이 있다. '목계'는 말 그대로 '나무로 만든 닭'이다. 《장자(莊子)》 외편 '달생(達生)'에서 언급되는 투계(鬪鷄), 즉 싸움닭에 관한 고사(古事)에서 비롯됐다. 중국 주나라 선왕(宣王)이 기성자(紀渻子)라는 조련사에게 싸움닭 한 마리를 맡기고는 최고의 투계로 키워내라 명했다. 열흘 뒤 왕이 어찌 돼가고 있는지 물으니 기성자가 대답했다.

"아직이옵니다. 강하긴 하나 오만해서 그 아집을 떨쳐내야 하옵니다."

다시 열흘이 지나고 물으니, "조급해서 상대의 소리와 움직임에 너무 쉽게 반응"한다고 말했다. 또 열흘 뒤에는, "눈초리가 너무 호전적"이라고 했다. 또다시 열흘이 지나 왕이 묻자 마침내 기성자가 이렇게 대답했다.

"이제 되었습니다. 오만함과 조급함을 버리고 평정심을 찾아 마치 목계와도 같은 경지에 달했습니다. 그 어떤 닭이라도 감히 달려들지 못하고 달아날 것이옵니다."

태연하고 고요하되 힘차고 강인한 마음을 유지하려고 노력해보자. 일희일비(一喜一悲)하지 말고 마음의 중심을 잡아 살아간다면 세상이 함부로 대할 일은 없을 것이다.

내려놓아야 나아갈 수 있다

공적과 명성, 부와 지위에 집착하면 오히려 아무것도 얻을 수 없다.
도덕과 인의에도 얽매이지 않아야 비로소 성인의 경지에 이를 수
있다.
── 전집 33

放得功名富貴之心下, 便可脫凡.
放得道德仁義之心下, 便可入聖.

───── 나쓰메 소세키(夏目漱石)는 소설 《풀베개》 서두에서 이렇게 적고 있다.

"이지(理智)만을 따지면 다른 사람들과 충돌한다. 타인에게만 마음을 쓰면 자신이 발목 잡힌다. 자신의 의지만 내세우면 옹색해진다. 어쨌든 사람 사는 세상은 살기 힘들다."

복잡한 인간관계로 둘러싸인 세상을 살아가기 위해서는 어느 하나에 집착해서는 안 된다. 사람이라면 누구나 부자가 되고 싶고 높은 사람이 되고 싶겠지만, 그것에 집착해 몰두하다 보면 속물근성에서 절대로 벗어날 수 없게 된다. 심지어 도덕적이고 의롭게 살고 싶다는 생각조차도 그것에 얽매여 있는 동안에는 실현할 수 없다. 어떤 것에든 속박되지 말자.

탐욕이 지나치면 위기에 빠진다

도덕적으로 살고자 한다면, 나무나 돌처럼 굳은 마음을 가져야
한다.

한 가지라도 탐내거나 부러워하면 곧장 탐욕으로 치닫게 된다.

세상을 구하고 나라를 다스리고자 한다면, 구름이나 물처럼 맑은
마음을 가져야 한다.

한 가지라도 탐내거나 집착하면 곧장 위기에 빠지게 된다.

—— 전집 46

進德修道, 要個木石的念頭. 若一有欣羨, 便超欲境.
濟世經邦, 要段雲水的趣味. 若一有貪著, 便墮危機.

———— 도덕적으로 사는 것은 사람으로서 기본적인 태도다. 탐욕과 망상을 버리고 의지를 굳건히 지키되 구름이나 물처럼 마음의 여유를 가진다면 자연스럽게 행복해질 수 있다. 아울러《논어(論語)》제12편 '안연(顔淵)'에 '정자정야(政者正也)'라는 대목이 나온다. 직역하면 "정치는 올바름"이란 뜻이다. 위정자가 바르게 이끌면 국민도 올바르게 된다는 얘기다.

비단 정치가 아니더라도 사람을 움직이려면 모범을 보여야 한다. 그것 말고 다른 방법은 없다. 자신의 욕망으로만 가득 차 있는 사람을 믿고 따를 사람은 세상에 없다.

부도덕한 부귀영화는 오래가지 못한다

부귀와 명예를 인덕으로 얻었다면, 산과 들에 피는 꽃처럼 저절로
무성하게 퍼져나간다.

부귀와 명예를 재주로 얻었다면, 화분 속의 꽃처럼 이리저리 옮겨
심어 흥하거나 망한다.

부귀와 명예를 권력으로 얻었다면, 화병 속의 꽃처럼 뿌리가 없으
므로 금세 시든다.

—— 전집 59

富貴名譽, 自道德來者, 如山林中花, 自是舒徐繁衍.
自功業來者, 如盆檻中花, 便有遷徙廢興.
若以權力得者, 如瓶鉢中花, 其根不植, 其萎可立而待矣.

삶이 무거울 때 채근담을 읽는다

—————   부귀와 명예는 다양한 방법으로 얻을 수 있다. 그러
나 뿌리와 잎이 번성하지 못한 꽃은 시들어버리듯이, 부도덕한 방식
을 통해 얻은 부귀와 명예는 오래갈 수 없다. 힘 있다 자랑하고 떵떵
거려도 결국 한순간이다. 도덕적이고 정당한 성공만이 오래가는 법
이다.

지나치게 조심하거나 엄격하지 말 것

배우는 사람은 매사에 조심스럽고 진지하되, 또한 활달한 멋도 가져야 한다.

거두어 단속하고 지나치게 맑기만 하면, 가을의 쌀쌀한 냉기만 있을 뿐 따뜻한 봄기운이 없으니, 어찌 만물을 자라게 할 수 있겠는가.

—— 전집 61

學者要有段兢業的心思, 又要有段瀟灑的趣味.
若一味斂束淸苦, 是有秋殺無春生, 何以發育萬物.

삶이 무거울 때 채근담을 읽는다

─────── 어느 분야든지 일가를 이뤘다고 불리는 사람들은 모두 성실함, 겸허함, 폭넓은 시야, 마음의 여유를 소중하게 여긴다. 배움에 있어 최선을 다해 노력하면 어느 정도 성과는 올릴 수 있겠지만, 그것에만 너무 얽매이거나 전부라고 여긴다면 온전히 이룰 수 없다. 마음속 복잡한 생각을 떨쳐내고 자연의 섭리를 따라야만 세상의 이치를 꿰뚫어볼 수 있는 것이다.

유연한 사람은 꺾이지 않는다

하늘이 주관하는 운명은 사람이 헤아릴 수 없다.

잡았다고 생각하면 저 멀리 달아나고, 가버렸다고 생각하면 어느

새 옆에 와 있다.

그렇게 영웅을 조롱하고 호걸을 뒤엎어왔다.

하지만 군자는 역경이 와도 순리로 받아들이고, 평온무사할 때도

위기를 대비하니, 하늘도 마음대로 할 수가 없는 것이다.

—— 전집 68

天地機緘, 不測.
抑而伸, 伸而抑.
皆是播弄英雄 顚倒豪傑處.
君子只是逆來順受, 居安思危, 天亦無所用其伎倆矣.

삶이 무거울 때 채근담을 읽는다

─────── 우리의 삶은 변화무쌍해서 아무리 예측한다고 해도 알수가 없다. 그러므로 운명에 휘둘리지 않으려면 그 운명을 통제할 생각 자체를 하지 말아야 한다. 고난이 닥치면 자연스러운 것이라 받아들이고 불행도 행운의 전조라고 여기는 마음가짐이 필요하다.

우리 주변의 성공한 사람들을 잘 살펴보면, 그들은 역경과 걸림돌을 고통과 장벽으로 인식하지 않는다. 살다 보면 당연한 것으로 생각하고 때로는 즐기기까지 한다. "버드나무는 바람에 꺾이지 않는다"라는 말이 있다. 버드나무 가지는 유연해서, 세차고 강한 바람에 휠지언정 결코 부러지지 않는다. 사람도 그렇다. 유연한 사람은 결코 꺾이지 않는다.

여유와 온정 속에 복이 온다

성질이 조급한 사람은 타오르는 불길과 같아서, 모든 것을 태워버린다.

온정이 없는 사람은 차가운 얼음과 같아서, 닥치는 대로 죽게 만든다.

융통성 없고 고집 센 사람은 고인 물이나 썩은 나무토막 같아서, 생기가 없다.

이런 사람들은 공적을 세우기 어렵고 그 복을 늘리기도 어렵다.

—— 전집 69

燥性者, 火熾, 遇物則焚.
寡恩者, 氷淸, 逢物必殺.
凝滯固執者, 如死水腐木, 生機已絶.
俱難建功業而延福祉.

삶이 무거울 때 채근담을 읽는다

─────── 운명을 바꾸려면 성격을 바꿔야 한다. 사회생활이 어려운 이유는 늘 좋은 사람만 만날 수 없기 때문이다. 성격이 불같거나 차가운 사람도 있고, 옹졸하거나 고집만 부리는 사람도 있다.

그런 사람을 피할 수 없다면 호두처럼 딱딱한 껍질을 두른 채 스스로를 지켜야 한다. 결국에는 안 봐도 되는 때가 온다. 다만 그때까지는 그들을 반면교사(反面教師) 삼아 자신은 절대로 저런 사람이 되지 않겠다는 의지를 다지면서 여유와 온정의 마음을 잃지 말자. 언젠가 반드시 복이 올 것이다.

품격 없는 것이 진짜 못난 것이다

초가집일지라도 깨끗이 청소하고, 가난한 여인일지라도 단정하게
빗질하면, 비록 그 외양은 아름답고 화려하지 않을지언정 그 기품
은 저절로 드러나는 법이다.

사람이 한때 곤궁과 실의에 빠졌다고 해서 어찌 스스로를 버리고
게을러질 수 있겠는가.

—— 전집 84

貧家淨拂地, 貧女淨梳頭, 景色雖不艶麗, 氣度自是風雅.
士君子一當窮愁寥落, 奈何輒自廢弛裁.

─────── 대승불교의 한 종파인 정토종(淨土宗)에는 '구품(九品)'이라는 개념이 있다. 극락(極樂)도 다 같은 극락이 아니라 아홉 곳으로 나뉘어 있다는 것이다. 상(上)·중(中)·하(下)에 각각 상품(上品)·중품(中品)·하품(下品)의 3개 품위(品位)가 있어서 상상품·상중품·상하품, 중상품·중중품·중하품, 하상품·하중품·하하품으로 구분된다.

극락에 갈 사람도 이승에서 어떻게 살았느냐에 따라 차별이 생긴다. 당연히 극락정토 가운데 으뜸은 상상품이다. 품격, 품위, 기품 등의 말은 여기에서 나왔다. 기품이 있다는 것은 구품 중 상위에 들 수 있다는 뜻이다.

그런데 오늘날에는 부와 명예만 좇을 뿐 스스로의 품격을 높이는 데에는 소홀한 사람들이 많다. 각박한 현대 사회에서 품격 향상을 기대하는 것이 무리일지도 모르겠다. 하지만 사람으로서 품격을 읽게 되면 아무리 꾸미고 가꾼들 껍질만 요란할 뿐이다.

지위가 모든 것을 말해주지는 않는다

평범한 사람이라도 기꺼이 덕을 쌓고 은혜를 베풀면, 무관의 재상
이라고 할 만하다.

고관대작이라도 권세를 탐하고 총애를 팔면, 결국 벼슬만 있는 거
지에 불과하다.

── 전집 93

平民肯種德施惠, 便是無位的公相.

士夫徒貪權市寵, 竟成有爵的乞人.

─────── 사람의 높고 낮음은 지위가 아니라 인품에 있다. 요즘에는 남 밑에서 스트레스를 받느니 창업해 사장이 되겠다는 젊은 사람들이 많이 있다. 물론 모든 사람들이 지위를 얻고자 사장이 되겠다고 생각하는 것은 아닐 테지만, 어쨌든 지위에는 그 자리에 합당한 책임이 뒤따른다는 사실을 명심해야 한다.

책임지는 자리에 있음으로써 성장하고 발전할 수 있지만, 지위에만 연연해 성숙한 인품을 갖추지 못하면 무슨 일을 하든 잘될 수 없다. 지위에 어울리는 성장을 하지 못한 사람을 세상은 인정하지 않는다.

과도한 욕심은 스스로를 불태운다

부귀한 집에서 나고 자란 사람은 욕심이 사나운 불길과 같고 권세
가 매서운 불꽃과 같다.

조금이라도 맑고 냉정한 기운을 갖지 않는다면, 그 불꽃이 다른 사
람들을 태우지는 못해도 자기 자신은 불태우고 말 것이다.

—— 전집 100

生長富貴叢中的, 嗜欲如猛火, 權勢似烈焰.
若不帶些淸冷氣味, 其火焰不至焚人, 必將自爍矣.

삶이 무거울 때 채근담을 읽는다

─────── 　부잣집 자식은 아무 노력도 하지 않고 방탕하다는 인식이 그 옛날에도 있었나 보다. 일본에도 "집 팝니다, 명필로 쓴, 부잣집 3세"라는 풍자시 센류(川柳, 에도 시대 때 정립된 운문 형식−옮긴이)의 내용이 전해져온다. 할아버지 대에 엄청난 부를 쌓았어도 손자 대인 3세에 이르면 몰락해서 집을 팔 지경이 되는데 "집 팝니다"라는 글씨 하나는 명필이더라는 이야기로, 가업은 소홀히 하면서 풍류는 즐긴 재벌 3세를 풍자한 것이다.

　그렇지만 애써 《채근담》의 이 대목을 부잣집 도련님과 연결할 필요는 없다. 우리 모두에게 해당하는 교훈이기 때문이다. 욕심은 누구에게나 있다. 그 욕심을 다스리는 것이 관건이다. 지독한 이기심은 자신에게 득이 되기는커녕 성난 불꽃이 되어 스스로를 불태운다. 언제나 욕심을 절제하고 다듬어나가야 할 것이다.

평범함 가운데 지극함을 추구한다

문장이 지극한 경지에 다다름은, 기발함을 발휘한 것이 아니라 마침 들어맞은 것이다.

인품이 지극한 경지에 다다름은, 특별하게 뛰어난 것이 아니라 본래 모습이 그럴 뿐이다.

—— 전집 102

文章做到極處, 無有他奇, 只是恰好.
人品做到極處, 無有他異, 只是本然.

———— 자신의 빼어남과 기발함을 내세우는 것은 그럼으로써 주목을 받고 싶어서다. "빈 수레가 요란하다"는 속담을 거론하지 않더라도, 정말로 대단한 것들은 평범함 속에 있다. 자신을 과감히 드러내는 것이 오늘날 세상의 미덕이라고 하지만, 그에 따른 부작용으로 온갖 가짜들도 판치고 있다.

우리 주변을 살펴보면 저마다 자기가 최고라고 떠드는 사람들이 쉽게 찾을 수 있다. 자신들의 뛰어남을 내세우고자 다른 이들을 폄훼하고 침소봉대(針小棒大)한다. 이들은 지극히 자연스럽고 단순한 세상을 복잡하게 만드는 원인이기도 하다.

겉으로 드러내 보이기를 좋아하는 사람 가운데 실제로 대단한 인물은 별로 없다. 있더라도 닮을 만한 사람은 아니다. 지극히 빼어난 사람은 세상을 미혹하지 않는다. 경지에 이르렀어도 평범함을 유지하고 있는 이야말로 귀감이 될 만한 사람이다.

어떤 일에도 감정적으로 대응하지 않는다

다른 사람의 속임수를 알아채더라도 말로써 드러내지 마라.

다른 사람에게 모욕을 당하더라도 낯빛에 담지 마라.

이와 같은 태도 속에 이루 헤아릴 수 없는 뜻이 있고 쓰임새가 있다.

—— 전집 126

覺人之詐, 不形於言.
受人之侮, 不動於色.
此中有無窮意味, 亦有無窮受用.

삶이 무거울 때 채근담을 읽는다

────── 남이 내게 하는 말과 행동 하나하나에 감정적으로 대응하는 것은 어리석다. 심지어 칭찬도 곧이곧대로 믿어서는 안 된다. 대부분의 속임수는 기분 좋은 말로 시작되니까. 그렇다고 즉시 눈치 챘다고 말하는 것도 곤란하다. 더 교묘한 속임수를 야기할 수 있기 때문이다. 알더라도 안 속으면 그만이다. 그러면 머지않아 '이 사람은 속일 수 없구나' 하고 깨닫게 된다.

모욕과 업신여김에도 마찬가지다. 나에게 모욕감을 준 사람은 그것이 모욕임을 안다. 즉, 내가 모욕을 느끼게 하려는 의도를 가졌다. 이에 안색을 붉히며 대응하면 상대방은 성공한 것이다. 따라서 대응하지 말되 그것이 모욕임을 내가 인지하고 있다는 정도만 알게 해준다. 모욕감을 느끼는 것과 모욕임을 아는 것과는 다르다. 좀 더 구체적으로 표현하면 상대로 하여금 내가 모욕인 줄은 알고 있지만 모욕감을 느끼지는 않았다는 사실을 깨닫도록 시간을 준다.

당연한 말이지만 사람은 감정의 동물이기에 평정심을 유지하는 것은 어렵다. 계속 노력해보자는 이야기다. 일반적인 사람이라면 자신보다 그릇이 큰 사람 앞에서 겸허해진다. 나를 속이고 모욕하더라도 흔들리지 않고 평온한 모습을 보이면 상대방도 결국 조심스러워하게 된다. 감히 얕볼 수 없는 큰 사람이 되는 것이다.

살면서 하지 말아야 할 네 가지

많은 사람들이 의심하더라도 자신의 의지를 굽히지 마라.

자신의 의견을 관철하고자 다른 이의 말을 버리지 마라.

사소한 은혜 때문에 커다란 원칙을 훼손하지 마라.

공론에 기대어 사사로운 일을 해결하지 마라.

── 전집 130

毋因群疑而阻獨見.
毋任己意而廢人言.
毋私小惠而傷大體.
毋借公論而快私情.

삶이 무거울 때 채근담을 읽는다

─────── 하늘(天), 땅(地), 해와 달(日月)에 비추어 한 치의 사사
로움도 없음을 일컫는 '삼무사(三無私)'라는 말이 있다.

하늘은 만물을 덮지만 어느 한 사람만을 덮지 않는다. 땅은 만물을
안지만 어느 한 사람만을 안지 않는다. 해와 달은 만물을 비추지만 어
느 한 사람만을 비추지 않는다.

모든 일에 공평무사하면 그 덕에 사람들은 저절로 이끌린다. 자신
만의 줏대가 있으면서 타인의 의견에 귀 기울이는 것이 훌륭한 태도
다. 《논어》 제9편 '자한(子罕)'에 나오는 문장과 함께 음미해보면 더욱
와 닿을 것이다.

"공자께서는 네 가지를 절대로 하지 않으셨다. 선입견이 없으셨고,
반드시 그렇다고 단정하지 않으셨으며, 고집을 부리지 않으셨고, 나
만 옳다고 하지 않으셨다(子絶四. 毋意, 毋必, 毋固, 毋我)."

뜻과 정신만이 영원하다

사업과 문장은 몸이 죽으면 사라지지만, 그 정신은 오랜 세월이 흘러도 언제나 새롭다.

공명과 부귀는 세상이 변할 때마다 바뀌지만, 기개와 절조는 천년이 하루와 같다.

군자는 마땅히 일시적인 것과 영구적인 것을 구분하고 바꾸지 말아야 한다.

—— 전집 148

事業文章, 隨身銷毀, 而精神萬古如新.
功名富貴, 逐世轉移, 而氣節千載一日.
君子信不當以彼易此也.

삶이 무거울 때 채근담을 읽는다

──── "호랑이는 죽어서 가죽을 남기고 사람은 죽어서 이름을 남긴다"는 속담을 모르는 사람은 없을 것이다. 사람이 수명을 다해 죽어도, 생전에 이룬 뜻과 정신은 오래도록 전해진다. 물론 아무런 업적이 없다면 전해질 정신도 없을 것이다.

일시적인 것에 혹하지 말고 영원히 남을 수 있는 위대한 뜻과 정신에 관해 계속해서 곱씹어봐야 한다. 한 번 태어나 한 번 사는 삶이다. 무의미하게 살다 죽는 사람이 되지 않도록 나 자신을 돌아보자.

남들의 시선에 속박되지 않는다

내가 귀하게 되어 남들이 나를 받드는 것은, 높은 관과 큰 띠를 받드는 것이다.

내가 천하게 되어 남들이 나를 업신여기는 것은, 베옷과 짚신을 업신여기는 것이다.

본래의 나를 받드는 것이 아니니 어찌 기뻐할 것이며, 본래의 나를 업신여기는 것이 아니니 어찌 노여워하겠는가.

—— 전집 172

我貴而人奉之, 奉此峨冠大帶也.
我賤而人侮之, 侮此布衣草履也.
然則原非奉我, 我胡爲喜, 原非侮我, 我胡爲怒.

────── "옷이 날개다"라는 말처럼 세상 사람들은 겉모습에 혹하고 진짜 내면은 잘 보지 못한다. 《장자(莊子)》 내편(內篇) '소요유(逍遙遊)'에 "이름은 실체의 손님(名者實之賓也)"이라는 대목이 나온다. 명예나 명성은 그저 허울이라는 의미다. 또한 《논어》 제1편 '학이(學而)'에도 "남이 알아주지 않아도 성내지 않는다면 어찌 군자가 아니겠는가(人不知而不慍, 不亦君子乎)"라는 말이 있다.

다른 사람들이 나를 어찌 보든 개의치 말자. 칭찬을 들으면 기분 좋아지는 게 당연하지만 자만하지 말고, 반대로 겉모습만 보고 나를 판단하는 사람들로부터 무슨 말을 듣든 신경 쓰지 말자. 그럴 시간에 나 자신을 더 돌보고 어떻게 살아야 할지 고민하자.

지식보다 감성이 중요하다

글자 한 자 알지 못해도, 시적인 의미를 안다면 시의 참된 멋을 느낄 수 있다.

게송 한 구절 익히지 못해도, 선의 묘미를 안다면 선의 현묘한 뜻을 깨달을 수 있다.

—— 후집 47

一字不識, 而有詩意者, 得詩家眞趣.
一偈不參, 而有禪味者, 悟禪敎玄機.

――――― 문장이 뛰어나야만 시인이 될 수 있는 것은 아니다. 시는 마음으로 느끼는 것이다. 게송(偈頌, 부처의 공덕과 가르침을 찬미하는 시−옮긴이)을 읊어야만 선(禪)에 눈뜨는 것이 아니다. 선은 마음으로 깨닫는 것이다.

《논어》를 달달 외우기만 해서는 그 속에 담긴 깊은 뜻을 알 수 없다. 알지 못하면 실천할 수 없다. 마음으로 느끼고 깨달아야 내 삶을 바꿀 수 있다.

법률 지식에 능통하다고 해서 훌륭한 법률가가 되는 것은 아니다. 의학 지식이 해박하다고 해서 훌륭한 의사가 되는 것은 아니다. 그 속에 담긴 뜻을 마음으로 헤아릴 줄 알아야 사람을 위하고 세상을 위하는 참된 인재가 되는 것이다.

머리만 있고 마음이 없는 사람은 사람이 아니다. 인공지능과 다름없다. 지식 이전에 감성을 갖춘 사람이 되어야 한다.

○

쉽게 주변에 휩쓸리는 여린 마음,

얻고 싶은 것들에 대한 집착과 질투 같은

부정적 감정에 휘둘리지 말고

능숙하게 다스려야 한다.

맑고 바르게 사는 일은 쉽지 않기에,

올바르게 살고 싶다는 마음을 소중히 여긴 채

자신의 힘을 믿고 우직하게 나아가야 한다.

제2장

남부끄럽지 않은 삶을
생각하다

영원히 처량할 것인가, 잠시 쓸쓸할 것인가

도리를 지키면서 사는 사람은 한때 쓸쓸하고 외롭다.

권세에 의존해 아첨하는 사람은 영원토록 처량하다.

깨달은 사람은 사물 바깥의 사물을 보며, 죽고 난 뒤의 자신을 생

각한다.

차라리 한때의 쓸쓸함과 외로움을 견딜지라도, 영원토록 처량해

질 일은 초래하지 마라.

—— 전집1

棲守道德者, 寂寞一時.

依阿權勢者, 凄涼萬古.

達人觀物外之物 思身後之身.

寧受一時之寂寞, 毋取萬古之凄涼.

———— 사람의 삶에는 즐겁고 유쾌한 일만 일어나지 않는다. 외로울 때도 있고 힘들 때도 있으며 굴욕적일 때도 있다. 인생은 짧으면서도 길다. 멀리 볼 줄 알아야 한다. 한순간의 이익을 위해 도리를 저버리면 훗날 오래도록 고달파진다.

성공과 실패는 일시적인 것이다. 내가 어떤 뜻을 품고 사는지가 인생 최대의 과제다. 성인군자가 돼야 한다는 의미는 아니다. 중심을 잡으려고 부단히 애써야 한다는 뜻이다.

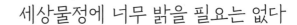

세상물정에 너무 밝을 필요는 없다

세상일에 경험이 얕을수록 그만큼 때묻지 않는다.

세상일에 경험이 깊을수록 잔꾀와 거짓도 그만큼 깊어진다.

그러므로 군자는 능수능란하기보다 소박한 것이 낫다.

지나치게 공손하고 삼가기보다는 소탈하면서 호방한 것이 더 낫다.

—— 전집 2

涉世淺, 點染亦淺.
歷事深, 機械亦深.
故君子 與其達練, 不若朴魯.
與其曲謹, 不若疎狂.

─────── 모름지기 사람이라면 순수한 면도 있고 허술한 면도 있어야 하는 법이다. 인간적인 모습이란 그런 것이다. 이른바 '든 사람'과 '난 사람'은 능력도 있고 빼어나겠지만 세상일에 필요한 요령만 있을 뿐이다. 반면 '된 사람'은 주변 사람들을 배려하고 양보할 줄 알며, 때로는 일부러 손해를 보기도 한다. 하지만 그 손해는 결국 커다란 이익이 되어 돌아온다.

너무 세련되고 빈틈이 없으면 인간미가 떨어져 주변의 시기나 공격을 받는다. 더욱이 자꾸 허식에 치우치게 된다. 우직하고 만만한 편이 세상을 살아가는 데 더 도움이 될 때가 많다. 세파를 헤쳐 나가는 데 능숙해서 자잘한 성공을 맛보기보다는, 좀 더 욕심을 버리고 둥글둥글하게 사는 것이 인생에서 더 필요하다.

후회할 일을 미리 후회해본다

배불리 먹고 난 뒤에 음식을 생각하면, 맛있고 맛없는 경계가 사라진다.

성욕을 충족한 뒤에 음욕을 생각하면, 남녀의 욕정이 끊어진다.

그러므로 사람은 일이 지난 뒤에 뉘우칠 것을 미리 뉘우쳐 일을 시작하기 전에 어리석음을 깨뜨려버리면, 본성이 바로잡혀 올바른 행동을 할 수 있게 된다.

── 전집 26

飽後思味, 則濃淡之境都消.
色後思狀, 則男女之見盡絶.
故人常以事後之悔悟, 破臨事之癡迷, 則性定而動無不正.

삶이 무거울 때 채근담을 읽는다

───── 사람이라면 누구든지 '그런 말은 안 하는 게 좋았는데', '그런 행동은 안 하는 것이 나았는데' 하는 후회를 하며 산다. '후회(後悔)'란 '나중에 잘못을 깨닫고 뉘우치는 것'을 말한다. 충동적으로 내뱉은 말이나 행동은 대부분 후회로 이어진다. 그렇다고 아무것도 안 할 수는 없을 것이다. 그러면 전혀 앞으로 나아갈 수 없다.

후회를 예방하는 최선의 방법은 그 후회를 미리 해보는 것이다. 조금만 상상력을 발휘해보면 어떤 결말이 기다리고 있는지 충분히 예상할 수 있다. 그 잠깐의 시간을 가져보자는 이야기다. 말과 행동의 결과를 예상해보고 후회할 것 같으면 하지 않으면 된다. 반대로 후회하지 않을 것 같으면 하면 된다. 후회하지 않을 것 같았는데 후회하는 결과가 될 수도 있다. 그러나 그 확률을 크게 낮출 수 있다.

잘났음을 드러낼수록 어리석어진다

부귀한 집안은 마땅히 너그럽고 후덕해야 하건만 오히려 시기하고 각박하면, 이는 부귀하면서도 행실은 가난하고 천하게 하는 것이니 어찌 그 부귀를 누릴 수 있겠는가.

총명한 사람은 마땅히 재주를 감추고 겸손해야 하건만 오히려 드러내고 자랑하면, 이는 총명하면서도 어리석고 어두운 병폐에 빠진 것이니 어찌 실패하지 않겠는가.

—— 전집 31

富貴家, 宜寬厚, 而反忌刻, 是富貴而貧賤其行矣, 如何能享.
聰明人, 宜斂藏, 而反炫耀, 是聰明而愚懵其病矣, 如何不敗.

──── 대부분의 사람들은 부와 권위, 학벌과 지위에 약한 모습을 보인다. 그러나 지금의 부자가 언제까지나 부자이리라는 보장도 없고, 지금 가난하다고 해서 언제까지나 가난해야 한다는 법도 없다. 돈이 많다고, 머리가 좋다고, 지위가 높다고 존경받아야 할 까닭도 없다.

재산을 둘러싸고 아귀다툼을 하는 것은 확실히 부잣집에서 일어난다. 지식을 과시하다가 미움을 받는 쪽도 확실히 잘난 사람들한테서 벌어진다. 재능은 자연스럽게 드러나는 것이지 일부러 드러내는 것이 아니다. "모난 돌이 정 맞는다"는 속담을 누구나 알고 있지 않은가. 잘났음을 드러내는 것은 어리석은 짓이다.

순박함을 지키고 화려함을 물리친다

순박함을 지키고 총명함을 버림으로써 약간의 바른 기운을 남겨 천지에 돌려줘야 한다.

화려함을 물리치고 담박함을 달게 여겨 깨끗한 이름을 세상에 남겨야 한다.

—— 전집 37

寧守渾噩, 而黜聰明, 留些正氣還天地.

寧謝紛華, 而甘澹泊, 遺個淸名在乾坤.

——— 사람은 맨몸으로 태어난다. 그런데 자라면서 무언가를 소유하게 되고 지식을 획득하다 보면 자꾸 욕심이 생긴다. 하지만 우주의 역사에서 인간의 일생은 그야말로 찰나에 불과하다. 그 찰나라도 붙잡고자 작디작은 욕망에 휘둘려 허우적거린다. 돈 버는 것도, 성공하는 것도 모래 한 알 차이일 뿐이다.

사람은 언젠가 반드시 죽는다. 어차피 죽는 존재라면 재산보다는 이름, 더러워진 오명보다는 깨끗한 이름을 남기는 것이 바람직하다. 세속의 화려함을 좇다 보면 이름은 점점 더 더러워진다.

사치는 부유해도 가난하게 만든다

사치하는 사람은 부유해도 늘 부족하다.

그래서는 검소한 사람이 가난 속에서 여유로운 것만 못하다.

유능하기만 한 사람은 애써 일하면서도 원망을 불러들인다.

그래서는 서툰 사람이 한가롭게 살면서 천성을 유지하는 것만 못

하다.

—— 전집 55

奢者, 富而不足.

何如儉者, 貧而有餘.

能者, 勞而府怨.

何如拙者, 逸而全眞.

───── 욕망하는 모든 것을 얻은 사람이 있을까? 세상 이치가 그렇지 않다. 아무리 가져도 모자라다고 느끼는 것이 사람의 마음이다. 물론 욕망이 무조건 나쁜 것은 아니다. 욕망이 없으면 발전할 수 없다. 인류 역사도 인간의 욕망이 있기에 지금까지 올 수 있었다.

문제는 욕망을 제대로 펼쳐야 한다는 데 있다. 예를 들어 돈을 벌고 싶다는 이유가 더 많은 돈을 쌓아두고 싶다는 욕망 때문이라면 결코 충족할 수 없다. 더욱이 사치는 어떤 이유로도 합리화할 수 없다. 내 삶을 더 나은 방향으로 발전시키고 싶어서라면 건전한 욕망일 것이다.

《명심보감(明心寶鑑)》'안분(安分)'에 "만족할 줄 아는 사람은 가난하고 천해도 즐겁고, 만족할 줄 모르는 사람은 부유하고 귀해도 근심한다(知足者, 貧賤亦樂, 不知足者, 富貴亦憂)"는 말이 나온다. 만족의 수준은 사람마다 다르겠지만, 자신의 형편을 잘 헤아리면서 욕망을 적절히 조절해 살아야 하겠다.

고난 끝에 얻은 행복이 진짜 행복이다

괴로움과 즐거움을 반복한 끝에 겨우 얻은 행복이라야 오래갈 수
있다.

의문과 믿음을 거듭한 끝에 비로소 깨달은 앎이라야 참된 지식이
된다.

—— 전집 74

一苦一樂, 相磨練, 練極而成福者, 其福始久.
一疑一信, 相參勘, 勘極而成知者, 其知始眞.

삶이 무거울 때 채근담을 읽는다

─────── 실을 더 많이 꼬면 꼴수록 강해지듯이, 사람을 만드는 것은 경험이다. 삶을 살다 보면 괴로움과 즐거움, 의심과 믿음이 번갈아가면서 찾아오게 마련이다. 모든 것을 경험이라 여기고 두루 겪고 나서야 진정한 행복과 지식을 얻을 수 있다.

적당히 더럽고 적당히 깨끗할 것

더러운 땅에는 초목이 무성하게 자란다.

지나치게 맑은 물에는 늘 물고기가 없다.

그러므로 군자에게는 때 묻고 더러워지는 것도 받아들이는 아량

이 있어야 하며, 깨끗함만 좋아하고 홀로 행하려는 지조를 가져서

는 안 된다.

—— 전집 76

地之穢者, 多生物.
水之淸者, 常無魚.
故君子當存含垢納汚之量, 不可持好潔獨行之操.

───── 사람이 지나치게 올곧고 깨끗해도 문제다. 그러면 주변에 친구가 생기지 않는다. 혼자만 고상하고 고매한 위인을 좋아할 사람은 없다. 유기물과 미생물이 섞이지 않은 흙에서는 식물이 자라지 못한다. 아무리 청정한 1급수라도 작은 생물들이 살고 있기에 그것을 먹고 물고기가 헤엄치는 것이다.

어느 정도는 세상과 타협하며 살 필요가 있다. 우리가 사는 세상은 원래 그렇게 되어 있다. 너무 깨끗하면 미움받고 너무 더러우면 버려진다. 적당히 더럽고 적당히 깨끗해야 서로 더불어 살아갈 수 있는 것이다.

지금 나의 삶이 자손의 복이 된다

선조들이 남겨준 덕과 은혜를 묻는다면, 지금 내가 살아서 누리는
모든 것이니 그 은덕을 쌓기가 어려움을 명심해야 한다.
자손들에게 남겨줄 복을 묻는다면, 내가 사는 동안 행한 모든 것이
니 그 선행이 어렵고 기울어지기 쉬움을 염려해야 한다.
── 전집 94

問祖宗之德澤, 吾身所享者是, 當念其積累之難.
問子孫之福祉, 吾身所貽者是, 要思其傾覆之易.

─────── "잘되면 내 탓, 못되면 조상 탓"이라는 말이 있는데, 정말 그렇게 여긴다면 매우 이기적이고 무책임한 생각이다. 선조들이 있었기에 내가 있는 것이고, 마찬가지로 내가 있어서 자손으로 연결되는 것이다. 뿌리 없는 나무가 없듯이 부모 없이 태어난 사람도 없다. 더욱이 나 또한 자손들의 뿌리가 된다.

자식은 부모의 미래다. 그 미래가 밝으려면 내가 제대로 살아야 한다. 내 삶을 있게 해준 선조들에게 감사하고 내 자손들의 행복한 삶을 위해 사는 동안 최선을 다해야 할 것이다.

안락함이 사람을 망친다

역경에 처해 있을 때는 주변 모든 것이 침과 약이어서, 자신도 모르게 절조와 행실을 닦는다.

일이 순조로울 때는 주변 모든 것이 칼과 창이어서, 자신도 모르게 살을 녹이고 뼈를 깎는다.

—— 전집 99

居逆境中, 周身皆鍼砭藥石, 砥節礪行而不覺.
處順境內, 眼前盡兵刃戈矛, 銷膏磨骨而不知.

삶이 무거울 때 채근담을 읽는다

─────── "젊어서 고생은 사서라도 한다"는 말이 있는 까닭은 그 경험이 몸과 마음을 단련해주기 때문이다. 사람은 누구나 편하고 싶어 한다. 그러나 단련되지 않은 몸은 있는 대로 살이 쪄서 온갖 질병을 부른다. 단련되지 않은 마음은 물러 터져서 작은 일에도 큰 상처를 받는다. 힘들 때 얻은 경험은 모두가 삶에 좋은 약이 되지만, 안락함에 빠져 있으면 삶을 망치는 독약에 둘러싸이게 된다.

강한 집념은 바위도 뚫는다

사람의 마음이 진심에서 비롯된 일념이면, 여름에도 서리를 내리게 할 수 있고 성을 무너뜨릴 수 있으며 쇠와 돌도 뚫을 수 있다.

거짓된 사람은 사람의 형체만 갖췄을 뿐, 참된 모습은 이미 사라지고 없다.

그렇기에 그 사람을 대하면 얼굴이 가증스럽게 보이고, 제 모습과 그림자에 스스로 부끄러워진다.

—— 전집 101

人心一眞, 便霜可飛, 城可隕, 金石可貫.
若僞妄之人, 形骸徒具, 眞宰已亡.
對人則面目可憎, 獨居則形影自媿.

─────── 중국 한나라 문제(文帝) 때 흉노족에 맞서 싸운 이광(李廣)이라는 장수가 있었다. 어느 날 그가 호랑이를 발견하고는 혼신의 힘을 다해 화살을 쏘았는데 알고 보니 초원에 묻힌 바위였다. 그런데 화살촉이 보이지 않을 만큼 화살이 바위 깊숙이 박혀 있었다. "화살이 서 있는 돌을 꿰뚫다(立石矢)"라는 말이 여기에서 나왔다.

참된 집념은 엄청난 힘을 발휘한다. 스스로 자기 삶에 대한 강한 신념을 갖고 매사를 대한다면 이루지 못할 일이 없을 것이다. 그러나 반대로 자신에 대한 믿음이 없으면 겉모습만 사람이지 진정한 사람이라 할 수 없다. 상대방도 금세 알게 되고, 자신조차 스스로 부끄러워진다.

차라리 소신을 지키고 미움받는 편이 낫다

뜻을 굽히면서까지 사람들의 환심을 얻을 바에는, 스스로를 지켜
사람들의 미움을 받는 편이 낫다.
선행을 하지 않았는데 사람들로부터 칭찬을 받을 바에는, 악행을
하지 않았는데 사람들로부터 비난을 받는 편이 낫다.
—— 전집 112

曲意而使人喜, 不若直躬而使人忌.
無善而致人譽, 不若無惡而致人毀.

삶이 무거울 때 채근담을 읽는다

───── 자신의 소신을 굽히고 남들의 환심을 사봤자 결국 후회하게 된다. 좋은 일을 하지 않았는데 허울뿐인 칭찬을 들어봤자 결국 거짓임이 드러나게 된다. 남의 인생이 아니라 나의 인생이다. '밖의 평가'보다 '안의 신념'이 중요하다. 허명에 개의치 말고 나의 소신이 언제나 옳을 수 있도록 스스로를 수양하자.

어떤 경우에도 스스로를 속이지 않는다

작은 일도 소홀히 하지 않고 어두운 곳에서도 속이거나 숨기지 않는다.

궁지에 처해서도 자포자기하지 않는 사람이야말로 진정한 영웅이다.

── 전집 114

小處不滲漏, 暗中不欺隱.
末路不怠荒, 纔是個眞正英雄.

삶이 무거울 때 채근담을 읽는다

중국 명나라 말기에 최선(崔銑)이라는 학자가 남긴 여섯 가지 처세훈이 있다. '연(然)'을 대구로 하고 있어 '육연훈(六然訓)'이라고 불리며 다음과 같은 내용이다.

- 혼자 있을 때는 초연할 것(自處超然).
- 사람을 대할 때는 온화할 것(處人靄然).
- 유사시에는 단호할 것(有事斬然).
- 평상시에는 잔잔할 것(無事澄然).
- 성공할 때는 담담할 것(得意澹然).
- 실패할 때는 태연할 것(失意泰然).

지금도 이 교훈에 따라 살아가고자 노력하는 사람들이 많이 있다. 사소한 일도 찬찬히 살피고, 누가 보지 않더라도 결코 자신을 속이지 말자. 어떤 일이 닥쳐도 쉽게 포기하지 말자.

나의 장점으로 남의 단점을 들추지 않는다

한쪽으로만 치우쳐 교활한 사람에게 속지 마라.

자기 힘만 믿고 객기에 조종당하지 마라.

자신의 장점으로 남의 단점을 들추지 마라.

자신의 어리석음으로 남의 능력을 시기하지 마라.

—— 전집 120

毋偏信而爲奸所欺.
毋自任而爲氣所使.
毋以己之長而形人之短.
毋因己之拙而忌人之能.

─────── 상황을 객관적으로 보기 위해서는 어느 한쪽의 의견만 들어서는 안 된다. 또한 세상에는 할 수 없어도 해야만 하는 일이 있으며, 할 수 있어도 해서는 안 되는 일이 있다. 이를 잘 판단하는 것이 중요하다.

나의 장점을 인지하고 발휘하는 것도 필요하지만, 자신을 자랑하지 않고 다른 사람의 서투름에 관대하며 해야 할 때 해야 할 일을 할 수 있는 사람이 되어야 할 것이다. 만약 상대방이 한 수 위라고 생각되면 솔직히 인정해주고 그 사람이 활약할 수 있도록 하자. 알량한 질투심은 봉인해두는 것이다.

고민은 깊게, 행동은 과감하게

일을 고민하는 사람은, 자신을 일 밖에 두어 이익과 손해에 대한
사정을 살펴야 한다.
일을 맡은 사람은, 자신을 일 한가운데에 두어 이익과 손해에 대한
생각을 잊어야 한다.

—— 전집 176

議事者, 身在事外, 宜悉利害之情.
任事者, 身居事中, 當忘利害之慮.

———　　오늘날 모두가 역사의 격동기를 살면서 그 격랑 속을 떠돌고 있다. 하지만 일에 대한 관점에는 예나 지금이나 다르지 않다. 고민할 때는 자신의 시각을 버리고 최대한 객관적으로 냉철하게 이해득실을 따져야 한다. 그런데 일단 결정을 하고 나서는 그 일 속으로 지체없이 뛰어들어 일과 한몸이 돼야 한다. 반대로 하는 경우는 최악이다.

듣기 싫은 말이 약이 된다

소인에게 미움과 헐뜯음을 당할지언정, 소인의 아첨은 받지 마라.

군자에게 꾸짖음과 깨우침을 받을지언정, 군자의 포용은 얻지 마라.

—— 전집 192

寧爲小人所忌毁, 毋爲小人所媚悅.

寧爲君子所責修, 毋爲君子所包容.

삶이 무거울 때 채근담을 읽는다

─────── 　듣기 좋은 말인 '감언(甘言)'과 귀에 거슬리는 말인 '간언(間言)'은 뜻은 정반대지만 발음은 비슷하다. 사람을 이간질하는 '간언'은 견디기 어려운 게 사실이지만, 섣불리 대응하지 말고 정신만 잘 차리고 있으면 시간이 지나면서 진실이 밝혀지고 신뢰도 회복되니 걱정할 필요 없다.

　오히려 무서운 쪽은 '감언'이다. 듣고 있으면 기분이 좋아지는 아첨과 칭찬은 적당히 흘려서 들어야 한다. 정말 그런 줄 알고 착각하면 머지않아 큰코다칠 수 있고 웃음거리가 될 수 있다. 소인배들은 본래 시기도 잘하고 아첨도 잘한다. 휘둘리면 나도 소인배가 되는 것이다.

　반면 나보다 훌륭하고 배울 게 많은 사람에게 혼도 나고 비난도 받는 것은 좋은 일이다. 다만 나를 감싸주고자 할 때 덥석 안기면 안 된다. 거기에 매몰되면 나는 계속해서 소인이 될 수밖에 없다. 항상 기대지 않고 주도적이고 능동적으로 살아야 한다.

아웅다웅 살기에는 너무 짧은 인생

부싯돌이 빛나는 한순간의 삶을 살면서 길고 짧음을 다툰들 그 세
월이 얼마나 길겠는가.
달팽이 더듬이와 같은 좁은 세상에서 자웅을 겨룬들 그 세상이 얼
마나 크겠는가.
—— 후집 13

石火光中, 爭長競短, 幾何光陰.
蝸牛角上, 較雌論雄, 許大世界.

─────── 중국 당나라 시대의 관료이자 시인이던 하지장(賀知章)이 지은 〈회향우서(回鄕偶書, 고향에 돌아온 심정을 적다)〉라는 시에 이런 구절이 나온다.

"어려서 고향 떠나 늙어서 돌아오니, 고향 사투리 그대로건만 머리털만 희었구나(少小離鄕老大回, 鄕言無改鬢毛衰)."

하지장이 수십 년 동안의 벼슬 생활을 마치고 고향으로 돌아온 감회를 읊은 것인데, 세월의 무상함이 고스란히 느껴진다.

아웅다웅, 옥신각신하며 살기에 인생은 짧다. 세월 앞에 장사 없고 우리는 언젠가 반드시 죽는다. 그러니 때로는 이 한 번뿐인 짧은 삶에서 무엇을 위해 살아야 할지 생각해보는 시간을 가져보자.

느리게 산다는 것의 즐거움

명성을 뽐내는 것은 명성에서 달아나는 것보다 못하다.

일에 능숙한 것이 어찌 일을 줄여 한가로워지는 것만 하겠는가.

—— 후집 31

矜名, 不羞逃名趣.

練事, 何如省事閑.

삶이 무거울 때 채근담을 읽는다

─────── 우리가 사는 세상에서 돈은 무척 중요하다. 돈이 많으면 확실히 명성을 얻기 수월해진다. 하지만 돈을 인생의 유일한 목표로 삼는 것은 공허하다. 왜냐하면 삶의 선택지는 하나가 아니기 때문이다. 돈이 별로 들지 않는 삶을 선택하면 그만큼 돈으로부터 자유로워진다.

생각해보자. 나 자신을 그렇게 살도록 만드는 것은 무엇인가? 나 자신인가? 나는 나의 삶의 온전한 주인인가? 과연 남들의 시선에 아랑곳하지 않고서 살고 있는가?

물론 인간은 사회적 동물이므로 다른 사람들과의 관계 속에서 살아갈 수밖에 없다. 그럼에도 불구하고 가끔이라도 스스로에게 휴식을 선물할 필요가 있다. 인간은 본래 자연의 일부다. 자연과 하나가 되어 삶으로써 몸의 리듬을 맞춰왔다. 적어도 한 달에 한 번쯤은 자연으로 돌아가 한가로움을 즐겨보자. 각박한 도시의 패스트 라이프(fast life)를 벗어나 슬로 라이프(slow life)를 즐기지 못한다면 사람으로서의 감성과 감정은 닳아 없어질 것이다.

인간관계를 피하는 것도
능사는 아니다

세상살이를 벗어나는 방법은 세상살이 가운데에 있다.

굳이 인연을 끊고 세상에서 숨어야 할 필요는 없다.

마음을 깨닫는 길은 마음을 다하는 가운데에 있다.

굳이 욕심을 끊고 마음을 꺼진 재처럼 만들 필요는 없다.

—— 후집 41

出世之道, 卽在涉世中.
不必絶人以逃世.
了心之功, 卽在盡心內.
不必絶欲以灰心.

─────── 물질만능주의가 팽배한 속된 세상을 떠나 외딴 곳에서 자연인으로 살고 싶다고 생각해본 사람들이 적지 않을 것이다. 그렇지만 선인(仙人)과 속인(俗人)에는 사람(人) 옆에 산(山)이 있느냐 계곡(谷)이 있느냐 하는 아주 작은 차이만 있을 뿐이다. 어느 쪽에나 사람이 있다. 사람 사는 세상에서 사는 데에는 변함이 없는 것이다.

결국 사람은 사람들 사이에서만 살아갈 수 있다. 이따금 휴식을 위해서는 좋지만 그것이 세상을 향한 부정이어서는 곤란하다. 탈속(脫俗)조차도 삶의 부정이면 안 되고, 무심(無心)도 마음의 부정이면 안 된다. 세속에 살면서도 명성이나 이익만을 탐하지 않도록 자신을 수양하면 된다.

냉철한 눈과 마음으로
세상을 바라본다

권력과 부귀를 가진 사람들이 용처럼 다투거나 영웅호걸들이 범처럼 싸우지만, 냉철한 눈으로 보면 개미떼가 비린내 나는 것에 모여들고 파리떼가 앞다퉈 피를 빠는 것과 같다.

옳고 그르냐를 놓고 벌떼처럼 일어나거나 이해득실을 놓고 고슴도치 바늘처럼 일어서지만, 냉철한 마음으로 대하면 풀무로 쇠를 녹이고 끓는 물로 눈을 녹이는 것과 같다.

── 후집 72

權貴龍驤, 英雄虎戰, 以冷眼視之, 如蟻聚羶, 如蠅競血.
是非蜂起, 得失蝟興, 以冷情當之, 如冶化金, 如湯消雪.

———— "달팽이 더듬이 위에서의 싸움"이나 "찻잔 속의 태풍"이라는 말이 있듯이, 커다란 문제라 여기고 다투는 것들도 옆에서 보면 사소한 문제를 두고 사소한 이유로 싸우는 것에 지나지 않을 때가 태반이다. 시시비비를 가린다고 아귀다툼하는 것도 냉정한 마음으로 바라보면 부질없는 일이다.

만약 자신이 분쟁의 당사자라면 최대한 멀리 떨어져서 상황을 냉철하게 생각해보자. 때로는 냉각 기간도 필요할 것이다. 삶은 타협의 연속이다. 타협하지 않고서는 살아가기 어렵다. 타협은 패배가 아니다. 타협이 현명할 때가 훨씬 많다.

먼저 핀 꽃이 먼저 시든다

오래 엎드려 날개를 쉰 새는 반드시 높이 난다.

먼저 핀 꽃은 시드는 것도 먼저 시든다.

이 같은 이치를 알면 발을 헛디딜 걱정도 없을 것이며, 조급하게

이루려는 마음도 사라질 것이다.

—— 후집 76

伏久者, 飛必高.

開先者, 謝獨早.

知此, 可以免蹭蹬之憂, 可以消躁急之念.

삶이 무거울 때 채근담을 읽는다

──── "천천히 서둘러라"라는 뜻의 라틴어 "페스티나 렌테(festina lente)"나 "급할수록 돌아가라"는 속담이 있지만, 《논어》제6편 '옹야(雍也)'에 나오는 "지름길로 가지 않는다(行不由徑)"가 더 울림이 좋은 것 같다. 여기에서 "군자는 큰길로 간다(君子大路行)"는 말이 나왔다.

목표를 세우고 나면 너무 조바심도 내지 말고 편법도 쓰지 말고 언제나 큰길로 정정당당하게 걸어가는 것이다. 그러다 보면 내공이 탄탄해져서 엄청난 저력을 발휘하게 된다. 작은 일에 구애받지 말고 미래를 기약하며 때를 기다리자. 그렇게 때가 되면 웅비하는 것이다.

사물의 겉모습보다
본질을 보고자 애쓴다

천지 가운데 온갖 사물이 있고, 인륜 가운데 온갖 감정이 있으며,

세상 가운데 온갖 일이 있다.

속인의 눈으로 보면 그 각각이 모두 다르지만, 도를 깨달은 사람의

눈으로 보면 모든 것이 한결같다.

어찌 번거롭게 무엇을 구분할 것이며, 무엇을 취하고 버리겠는가.

—— 후집 86

天地中萬物, 人倫中萬情, 世界中萬事.
以俗眼觀, 紛紛各異, 以道眼觀, 種種是常.
何煩分別, 何用取捨.

삶이 무거울 때 채근담을 읽는다

——— 　도의 눈으로 사물의 본질을 꿰뚫는다는 것이 쉬운 일은 아니다. 불가능할지도 모른다. 세상의 모든 사물은 겉으로 보면 모두 다르지만 그 본질에서는 같다는 의미다. 무극(無極)은 태극(太極)이고 음(陰)과 양(陽)은 서로 통한다. 물리적 형태가 있는 것들도 쪼개어 들어가면 모두가 원자(原子)일 뿐이다. 겉모습보다 그 속에 담긴 본질을 보고자 노력해보자.

마음은 언제나 바깥에 둔다

파도가 하늘 높이 치솟아도 배 안의 사람들은 두려움을 모르지만,

배 밖에 있는 사람들은 가슴이 서늘하다.

술에 취해 미쳐 날뛰어도 그 자리에 있는 동료들은 경계할 줄 모르

지만, 자리 밖의 사람들은 혀를 찬다.

그러므로 군자는 몸은 비록 그 속에 있어도 마음은 항상 그 밖에

두어야 한다.

—— 후집 130

波浪兼天, 舟中不知懼, 而舟外者寒心.
猖狂罵坐, 席上不知警, 而席外者詐舌.
故君子, 身雖在事中, 心要超事外也.

─────── "착안대국, 착수소국(着眼大局, 着手小局)"이라는 바둑 용어가 있다. 처음 판을 볼 때는 대국적으로 멀리 보고, 일을 시작할 때는 작은 형세를 세밀히 살펴 한 수 한 수에 집중하라는 뜻이다.

숲속에 있으면 나무만 보이고 숲은 보이지 않는다. 바닷물 깊은 곳에서는 해수면의 거대한 흐름을 느끼지 못한다. 마음을 바깥에 두고 판세를 봐야 변화를 감지해낼 수 있다.

채우지 말고 덜어낸다

인생에서 한 푼을 덜어내면 곧 한 푼을 초월한다.

사귐을 덜어내면 분란을 면한다.

말을 덜어내면 허물이 줄어든다.

생각을 덜어내면 정신이 소모되지 않는다.

총명함을 줄이면 본성이 보전된다.

사람들이 날로 덜어내기를 원하지 않고 오직 오직 더하기를 구하
는 것은 스스로 삶을 속박하는 것이다.

—— 후집 131

人生減省一分, 便超脫一分.
如交遊減, 便免紛擾.
言語減, 便寡愆尤.
思慮減, 則精神不耗.
聰明減, 則混沌可完.
彼不求日減而求日增者, 眞桎梏此生哉.

——— 노자(老子)의 《도덕경(道德經)》 하편(덕경) 77장에 아래와 같은 내용이 나온다.

"하늘의 도는 남은 것을 덜어내 부족한 것에 더하는데, 인간의 도는 그렇지 않아서 부족한 것을 덜어내 남은 것에 바친다(天之道, 損有餘而補不足, 人之道則不然, 損不足以奉有餘)."

《장자》 내편 '소요유'에도 이런 대목이 있다.

"뱁새가 깊은 숲에 둥지를 틀어도 나뭇가지 하나로 족하며, 두더지가 황하의 물을 마셔도 작은 배를 채울 뿐이다(鷦鷯巢於深林不過一枝, 偃鼠飲河不過滿腹)."

너무 채우면 탈이 나는 법이다. 너무 많은 생각은 결정장애를 일으키고, 말이 너무 많으면 반드시 말실수를 하게 된다. 그래서 인생은 덧셈보다 뺄셈이 더욱 필요한지 모르겠다.

○

보이지 않는 미래,

좌절뿐인 현재,

마음이 부러질 듯 삶이 무거울 때,

꿈이 있지만 길은 험하고,

혼자서 헤쳐 나가기 어려울 때,

지금의 역경이 훗날 얻을 행복의 자격이라고,

나는 반드시 행복하리라고,

스스로를 믿자.

제3장

삶의 무게를
생각하다

매일 한 가지라도 기쁜 마음을 느낀다

세찬 바람과 성난 빗줄기에는 새들도 두려워한다.

갠 날 맑은 바람에는 풀과 나무도 기뻐한다.

천지에는 하루라도 온화한 기운이 없어서는 안 되며, 사람의 마음

에는 하루라도 기쁜 마음이 없어서는 안 된다.

—— 전집 6

疾風怒雨, 禽鳥戚戚.

霽日光風, 草木欣欣.

可見天地不可一日無和氣 人心不可一日無喜神.

———— 하루하루가 즐겁고 유쾌한 삶이란 있을 수 없다. 괴로운 일, 싫은 일, 하찮은 일이 더 많을 것이다.

그러나 애써 찾아보면 사소할지라도 분명히 기쁜 마음을 느낄 수 있는 것들이 있다. 평소에는 너무 당연해 생각조차 하지 않던 일들도 잘 살펴보면 기쁘게 받아들일 수 있다. '소문만복래(笑門萬福來)', "웃는 문으로 만 가지 복이 들어온다"는 말이 있지 않은가.

일상의 당연한 것들을 새삼 즐겁고 기쁜 마음으로 받아들여보자. 작은 일이라도 내 안에서 기쁨을 발견할 수 있다면 가족과 동료를 보는 시각이 바뀌고 일과 인생을 보는 관점이 달라진다. 삶이 조금이라도 가벼워진다. 나아가 그런 나를 보는 다른 사람들의 시선도 바뀐다.

매일 기쁘게 살려는 스스로를 발견할 수 있는 사람은 반드시 행복해진다.

한가로울 때는 준비하고,
바쁠 때는 여유롭게

하늘과 땅은 고요해서 움직이지 않지만, 그 기는 쉼 없이 작용한다.

해와 달은 밤낮으로 분주하게 움직이지만, 그 밝음은 만고에 변하

지 않는다.

그러므로 군자는 한가로운 때일수록 다급한 일에 대처하는 마음

을 유지해야 하고, 바쁜 때일수록 여유를 잃지 않는 흥과 맛을 지

녀야 한다.

── 전집 8

天地寂然不動, 而氣機無息少停.

日月晝夜奔馳, 而貞明萬古不易.

故君子閒時要有喫緊的心事, 忙處要有悠閒的趣味.

─────── '유비무환(有備無患)', 즉 "준비가 있으면 근심이 없다"
고 했다. 한가롭고 평온할 때 아무런 대처도 하지 않고 있다가, 막상
급한 일이 생기면 우왕좌왕하는 경우가 많다. 반대로 바쁘고 급할 때
여유가 없으면 그 분위기에만 휩싸여 좌충우돌하게 된다.

인생도 자연의 이치를 따르면 무리가 없다. 겉으로는 아무 움직임
이 없어 보여도 어느 순간 어김없이 계절은 바뀐다. 늘 준비하고 있었
다는 이야기다. 그런데도 자연은 늘 여유롭다. 우리의 삶도 자연을 닮
아보자.

포기하지 않으면 성공한다

재앙은 은혜 속에서 자라난다.

만족스러운 때 일찌감치 주위를 둘러봐야 한다.

실패한 뒤에 오히려 성공할 수도 있다.

일이 뜻대로 되지 않는다고 해서 곧장 손을 놓지 마라.

—— 전집 10

恩裡, 由來生害.
故快意時, 須早回頭.
敗時, 或反成功.
故拂心處, 莫便放手.

—————   작은 성공이 쌓이면서 성장하지만, 중간중간 실패가 양념처럼 들어간다. "실패와 성공은 종이 한 장 차이"라고 말하는 이유다. 큰 성공을 추구한다면 작은 성공에 자만하지 말아야 하며, 실패했다고 포기하면 그 순간 성공은 물 건너간다. 목표를 이룰 때까지 긍정적으로 살 수밖에 없다. 그렇지 않고서 이룰 수 있는 일이란 세상에 존재하지 않는다.

살아있을 때 원한을 사지 않는다

살아있을 때의 마음가짐은 활짝 열고 너그럽게 해서, 사람들로 하여금 불평하지 않도록 해야 한다.

죽은 뒤에는 은혜와 덕망이 오래도록 흐르게 해서, 사람들로 하여금 부족함이 없다고 여기게 해야 한다.

—— 전집 12

面前的田地, 要放得寬, 使人無不平之歎.
身後的惠澤, 要流得久, 使人有不匱之思.

———— 마음을 넓게 갖고 아량을 베풀어 다른 사람들의 원한을 사지 않고 죽은 뒤에도 그 인덕이 널리 존경받도록 덕을 쌓아야 한다는 이야기다. 살아생전 못할 것이 없는 무소불위(無所不爲)의 권력을 가졌다가도, 죽고 나서 오래도록 욕을 먹고 이름이 더럽혀지는 그런 삶은 살지 말자.

양보하고 배려하면 세상이 편하다

좁은 길에서는 한 걸음 비켜서서 다른 사람이 먼저 가게 한다.

맛있는 음식은 삼등분해서 다른 사람이 즐기게 한다.

이것이 세상살이의 가장 편안하고 즐거운 방법 중 하나다.

—— 전집 13

徑路窄處, 留一步與人行.

滋味濃的, 減三分讓人嗜.

此是涉世一極安樂法.

삶이 무거울 때 채근담을 읽는다

───── 남에게 조금만 양보하고 배려하면 다툴 일도 화낼 일도 없다. 내게 주어진 것들을 고맙게 여기고 다른 사람들이 가진 것들을 소중히 여기면 삶을 대하는 태도가 달라진다.

쉽다면 한없이 쉬운 일이며, 처세의 기본 중 기본이지만, 이를 잘하지 못해서 낭패를 보는 경우가 흔하다. 나는 그렇게 하고 있는지 한번쯤 돌아보는 기회를 가져보자.

한순간의 자만이 많은 것들을 잃게 만든다

세상을 뒤덮을 만한 공로도 '뽐낼 긍(矜)' 한 글자를 당하지 못한다.
하늘에 가득 찬 허물로 '뉘우칠 회(悔)' 한 글자를 당하지 못한다.

—— 전집 18

蓋世功勞, 當不得一箇矜字.
彌天罪過, 當不得一箇悔字.

——— 아무리 훌륭한 업적을 이뤘더라도 스스로 그것을 뽐내고 자만한다면 그보다 어리석은 일은 없다. 한편으로 아무리 큰 잘못을 저질렀더라도 진심으로 뉘우친다면 용서받을 수 있다.

잘한 일을 자랑하고 싶은 이유는 혹시라도 그 일이 알려지지 않을까 봐, 아무도 알아주지 않을까 봐 염려하기 때문이다. 더욱이 사회생활을 하다 보면 내가 한 일을 가로채 자신의 공으로 탈바꿈시키는 사람들을 겪게 된다. 그러면 더 초조해진다.

하지만 결국에는 다 드러나게 되어 있다. 오히려 공을 빼앗길까 봐 티를 내다가 더 좋지 않은 결과로 이어지는 경우가 허다하다. 가만히 있으면 언젠가는 내 공로를 인정받을 수 있다. 그리고 그때의 인정은 더 크다.

반대로 잘못한 일은 시간 끌지 말고 곧바로 뉘우치고 반성해야 한다. 빠르면 빠를수록 용서받을 가능성도 커진다. 다만 진심이어야 한다. 거짓 뉘우침은 더 심각한 결과를 초래할 수 있다. 사람은 누구나 잘못하고 실수한다. 다른 사람들도 모두 그 사실을 알고 있다. 그래서 진심으로 반성하면 그 마음이 전해져 관용을 이끌어내게 된다.

무리하지 않는 삶이 잘사는 삶이다

세상을 살면서 꼭 성공만 구하지 마라.

과오가 없으면 그것이 성공이다.

남에게 베풀 때 감동하기를 바라지 마라.

원망을 사지 않으면 그것이 덕이다.

—— 전집 28

處世不必邀功.
無過便是功.
與人不求感德.
無怨便是德.

─────── 세상살이의 기본은 모나지 않게 사는 것이다. 다시 말해 무리하지 않는 것이다. 남들에게 피해 주지 않고 원망 살 일을 하지 않았다면 잘살고 있다고 봐도 무방하다.

언뜻 성공은 결과로만 평가받을 것 같지만 실제로는 그렇지 않다. 잘나가다가도 그 과정이 정당하지 않은 것이 드러나 한순간에 몰락하는 경우가 매우 많다. 좋은 일을 하더라도 상대방이 알아주고 감동하기를 바라다가 애써 한 선행의 의미가 퇴색되는 경우도 많다.

그렇다고 모나지 않게 사는 것이 쉬운 일은 아니다. 그래서 별 탈 없이 일생을 유지하다가 가는 사람이 삶의 달인이다.

고달프게 살면 계속 고달프다

염려하고 부지런한 삶은 미덕이다.

그러나 지나치게 고달프면 본연의 성정을 기쁘게 할 수 없다.

청렴하고 결백한 삶은 고매하다.

그러나 지나치게 메마르면 사람을 구하고 세상을 이롭게 할 수 없다.

—— 전집 29

憂動是美德.

太苦則無以適性怡情.

澹泊是高風.

太枯則無以濟人利物.

───── 근면성실한 것은 당연히 높게 사야 한다. 문제는 지나치면 고달프다는 것이다. 자신의 한계를 생각하지 않고 무리해서 사는 사람들이 적지 않다. 알면서도 어쩔 수 없이 고달프게 사는 사람도 많다. 요즘 세상이 그렇게 살라고 강요하는 경우가 태반이다.

그렇지만 간과해서는 안 된다. 결국 그 손해는 내가 본다. 아무리 밤낮없이 일하고, 그럴 수밖에 없어도, 어쩔 수 없는 그 상황을 아무리 탓해도, 훗날 내 몸과 마음이 망가졌을 때 돌이킬 수 있는 방법은 없다.

청렴결백한 삶은 당연히 훌륭하지만, 이 또한 마찬가지로 지나치면 고달프다. 나 혼자만 고매하다고 세상이 깨끗해지는 것은 아니다. 게다가 사람들은 너무 고매한 사람을 좋아하지 않는다. 선한 영향력도 적당히 고매한 사람이 미칠 수 있는 것이다. 인간은 완벽한 사람을 완벽하지 않게 만들어서 자신과 비슷하게 해놓아야만 비로소 안심한다. 완벽한 존재는 따로 있다. 그래서 사람들은 그 존재를 따로 믿고 따른다. 바로 '신(神)'이다.

도리에 어긋나는 욕망은
맛조차 보지 않는다

욕망에 관해 말하자면, 쉽게 얻을 수 있더라도 손가락 끝에라도 물들게 하지 마라.

한 번 손가락 끝이 물들면 그 즉시 만 길 낭떠러지 아래로 떨어진다.

도리에 관해 말하자면, 아무리 어렵더라도 조금이라도 물러서지 마라.

한 번 물러서면 온 산에 가로막힌 듯 멀어진다.

—— 전집 40

欲路上事, 毋樂其便而姑爲染指.
一染指, 便深入萬仞.
理路上事, 毋憚其難而稍爲退步.
一退步, 便遠隔千山.

———— 사람은 마음은 본래 여리고 약한 법이다. 그런데 그것을 강한 의지로 참고 이겨내니, 그래서 인간이 위대할 수 있는 것이다. 가장 무서운 것은 흔한 예로 도박과 색욕이다. 한순간 해이해지면 치명적일 수 있다. 이 정도는 괜찮겠지 생각해 한번 손을 대면 이내 구렁에 빠진다. 욕망은 그런 것이라 일단 풀어주고 나면 무한한 나락의 늪에 빠지고 만다. 못된 유혹에 넘어가 개미지옥에 발을 들여놓으면 끝내 탈출이 어렵다는 사실을 기억하자.

반면 도리를 지키는 일은 무척 어렵다. 부도덕한 일을 한번 허용하면 점점 쉬워지기 때문이다. 무겁게 중심을 잡고 살아가는 것밖에는 방법이 없다. 한 걸음이 천 걸음이 된다. 그 한 걸음을 옮기지 않으면 중심도 점점 무거워져서 굳건해질 수 있다.

은혜는 평생 기억하고,
원한은 즉시 잊는다

내가 남에게 베푼 수고는 생각하지 말고, 나의 잘못은 마음 깊이
새겨야 한다.
남이 나에게 베푼 은혜는 잊지 말고, 남에 대한 원한은 곧바로 잊
어야 한다.

—— 전집 51

我有功於人, 不可念, 而過則不可不念.
人有恩於我, 不可忘, 而怨則不可不忘.

삶이 무거울 때 채근담을 읽는다

───── 좋은 말이지만 행하기에는 참으로 어려운 일이다. 노자는 이보다 더 나아가 《도덕경》 하편(덕경) 63장에서 "원한을 덕으로 갚는다(報怨以德)"라고까지 말하고 있다. 가히 성인군자의 마음가짐이라고 할 수 있다. 우리 같은 사람들에게는 "은혜는 은혜로 갚고 원한은 원한으로 갚는다"고 해도 이상할 게 없을 것이다.

그렇지만 이 문장의 깊은 의미에 대해서는 곱씹어볼 필요가 있다. 은혜는 은혜를 부르지만, 원한도 원한을 부른다. 내가 친절을 베풀고 자비를 베풀면 돌고 돌아서 언젠가는 나에게 복으로 돌아온다는 의미다. 또한 은혜를 기억하는 것은 내게 긍정적인 감정으로 남게 되나, 원한을 새기는 것은 나에게 부정적인 감정으로 남아 있게 된다. 내 마음 깊이 남겨둔 이 부정적인 감정이 나의 인생을 좀먹을 수 있다. 그것을 경계하라는 뜻으로 받아들이면 되겠다.

좋은 감정은 갖고 있으면 내게 좋은 영향을 미친다. 그러나 나쁜 감정은 갖고 있어 봤자 계속해서 나를 괴롭게 만든다. 이는 결코 내 삶에 좋은 일은 아닐 것이다.

삶은
새옹지마와 전화위복의 연속이다

괴로운 마음 가운데서도 늘 마음을 기쁘게 하는 일이 생긴다.

뜻대로 되었을 때에도 곧 뜻을 잃는 슬픔이 생긴다.

—— 전집 58

苦心中, 常得悅心之趣.
得意時, 便生失意之悲.

삶이 무거울 때 채근담을 읽는다

───────── 살면서 많이 들었던 고사성어 중에 "화가 바뀌어 복이 된다"는 '전화위복(轉禍爲福)'도 있고, 직역하면 "변방 노인의 말"이라는 뜻인 '새옹지마(塞翁之馬)'도 있다. '새옹지마'만 잠깐 설명하자면 중국 한나라(전한) 시대 때 유안(劉安)이 지은 《회남자(淮南子)》제18권 '인간훈(人間訓)'에 나오는 이야기에서 유래했다.

북쪽 변방에 한 노인이 살았는데, 어느 날 노인이 기르던 말이 달아나 버렸다. 마을 사람들이 위로하자 노인은 "이 일이 복이 될지 누가 알겠소"라고 말했다. 얼마 뒤 달아났던 말이 다른 말과 함께 돌아왔다. 마을 사람들이 축하하자 노인은 "이 일이 화가 될지 누가 알겠소"라고 말했다. 그러던 어느 날 노인의 아들이 그 말을 타다가 떨어져 다리가 부러졌다. 마을 사람들이 걱정하며 위로하자 노인은 "이 일이 또 복이 될지 누가 알겠소"라고 말했다. 그로부터 1년이 흐른 어느 날 마을 젊은이들은 전쟁터에 불려 나가 대부분 죽었는데, 노인의 아들 만은 살아남았다. 말에서 떨어진 후 절름발이가 되었기 때문에 병사로 차출되지 않았던 것이다.

이처럼 우리의 삶도 '전화위복'과 '새옹지마'의 연속이다. 덤덤히 받아들이고 하루하루를 충실히 살아가자.

마음이 따뜻해야 행복도 오래간다

하늘과 땅의 기운이 따뜻하면 만물이 자라나고 차가우면 시들어

죽는다.

그러므로 성질이 차갑고 쌀쌀한 사람은 누릴 복도 차갑고 박하다.

기운이 온화하고 마음이 따뜻한 사람이라야 누리는 복이 오래

간다.

── 전집 72

天地之氣, 暖則生, 寒則殺.

故性氣清冷者, 受享亦凉薄.

唯和氣熱心之人, 其福亦厚, 其澤亦長.

─────── 이솝 우화 속 '북풍과 태양' 이야기를 알고 있을 것이다. 북풍의 차가움은 나그네의 옷을 벗기기는커녕 오히려 여분의 옷까지 입게 만들었지만, 태양의 따뜻함은 나그네의 옷을 다 벗기는 것도 모자라 강물에 뛰어들어 목욕까지 하게 만들었다.

사람이 사는 세상 또한 마찬가지다. 다른 사람들을 따뜻하게 대하는 사람을 누구나 좋아하고 마음을 연다. 쌀쌀맞고 차가운 사람을 좋아하는 사람은 없을 것이다. 행복은 따뜻한 마음에 깃든다. 그리고 그 행복은 오래간다.

욕심의 길로 들어서면
빠져나오기 어렵다

하늘의 이치를 따르는 길은 무척 넓어서, 그곳에 잠시라도 마음을
두면 가슴속이 넓어지고 밝아진다.

사람 욕심의 길은 한없이 좁아서, 그곳에 잠시라도 발을 들여놓으
면 눈앞이 온통 가시덤불과 진흙탕이 된다.

—— 전집 73

天理路上, 甚寬.稍游心, 胸中便覺廣大宏朗.
人欲路上, 甚窄.纔寄迹, 眼前俱是荊棘泥塗.

───── 삶이 계속될 것이라고 착각하면 사는 게 고통스럽다. 머지않아 사라질 존재임을 깨달으면 삶의 순간순간이 소중하다. 번뇌와 고통은 욕심에서 나온다. 욕심은 멀쩡한 길도 가시덤불과 진흙탕으로 만든다. 그런데 어린아이들은 진흙탕에서도 천진난만하게 잘 논다. 욕심이 없기 때문이다. 욕심 많은 어른은 그러지 못한다. 자신의 욕심이 만든 진흙탕에 뛰어들어 놀 자신이 없다면 애초에 욕심을 부리지 말자.

후회하지 말고 예방한다

아직 이루지 못한 공을 도모하는 것은 이미 이룬 공을 보전하는 것만 못하다.

지난 실수를 후회하는 것은 앞날의 잘못을 예방하는 것만 못하다.

—— 전집 80

圖未就之功, 不如保已成之業.
悔已往之失, 不如防將來之非.

——— 바둑이나 장기에서 다음 한 수를 고민하는 것은 흔한 일이다. 그런데 어떤 사람들은 뭔가를 놓고 엄청나게 고민하는 듯 보이지만 실제로는 뜬구름 잡는 생각으로 머릿속이 가득 차 있다.

어부들 사이에서 "생각하기보다 그물을 살펴라"는 격언이 있다. '물고기가 잡히지 않으면 어쩌지' 걱정하기에 앞서 끊어져 있는 그물부터 꿰매두라는 뜻이다.

허황한 생각으로 계획만 세우기보다 그동안 이뤄놓은 것들을 더 잘하려고 애쓰는 것이 낫다. 이미 지난 일 후회하기보다 같은 실수를 되풀이하지 않으려고 노력하는 것이 낫다.

결심했으면
두 번 다시 의심하지 않는다

자신을 바쳐 일하기로 결심했다면 의심하지 마라.

의심하면 결심한 자신의 의지가 부끄러워진다.

남에게 베풀었으면 보답을 바라지 마라.

보답을 바라면 베푼 마음까지 헛되게 된다.

—— 전집 89

舍己, 毋處其疑.

處其疑, 卽所舍之志多愧矣.

施人, 毋責其報.

責其報, 倂所施之心俱非矣.

삶이 무거울 때 채근담을 읽는다

—————— 어떤 일을 추진하기로 결심했다면 그 결심을 두 번 다시 의심하면 안 된다. 화살이 활시위를 떠났으면 과녁에 맞는 일만 남을 뿐이다. 무슨 일이든 그렇게 해야 한다. 결심하기까지는 심사숙고해야 하지만, 한 번 결심한 이상 밀어붙여야 한다.

또한 좋은 마음으로 남에게 뭔가를 베푼 순간 보답을 바라거나 본전 생각을 해서는 안 된다. 대가를 바라게 되면 그 좋은 마음조차 거짓이 된다.

각오는 깨닫고 깨닫는 것이다. 자신에게 주어진 사명이 무엇인지 깨닫고, 자신을 둘러싼 사람들에 대한 책임을 깨닫는다면, 굳게 마음먹을 수 있을 것이다.

지조를 지키되 강요하지 않는다

청렴결백한 사람은 반드시 사치스러운 사람들의 의심을 받는다.

엄격한 사람은 제멋대로 구는 사람들의 미움을 받는다.

군자는 어떤 경우에도 지조를 지켜야 하며, 자신의 날카로움을 너무 드러내지 말아야 한다.

—— 전집 98

澹泊之士, 必爲濃艷者所疑.

檢飭之人, 多爲放肆者所忌.

君子處此, 固不可少變其操履, 亦不可太露其鋒芒.

———— 모름지기 사람은 대개 자기중심적으로 생각한다. 그래서 자신과 다른 사람을 경계한다. 지나치게 잘나고 깨끗하면 그렇지 못한 사람들로부터 깨끗하지 않은 부분이 나올 때까지 의심을 받는다. 훌륭한 인물이라고 추앙받던 사람이 꼬투리를 잡혀 한순간에 천하의 못된 인간이 되는 경우도 비일비재하다.

세상을 만만하게 보면 안 된다. 내가 아무리 청렴하고 결백해도 그것을 지나치게 내세우면 반드시 해를 입게 된다. 지조는 내가 지키는 것이지 남에게 지키라고 강요하는 것이 아니다.

낙관적인 허무주의자로 산다

세상 모든 것을 허상으로 보면, 부귀와 공명은 물론 내 육신도 잠시 빌린 것일 뿐이다.

세상 모든 것을 실상으로 보면, 부모와 형제는 물론 모든 사물이 나와 한몸이다.

사람이 이런 이치를 능히 간파한다면, 천하의 큰 짐을 질 수 있고 세간의 속박에서 벗어날 수 있다.

── 전집 103

以幻迹言, 無論功名富貴, 卽肢體亦屬委形.
以眞境言, 無論父母兄弟, 卽萬物皆吾一體.
人能看得破, 認得眞, 纔可任天下之負擔, 亦可脫世間之韁鎖.

──────── '비관적인' 허무주의는 암울하고 쓸쓸하다. 삶의 즐거움도 없고 살아갈 이유도 없다.

하지만 '낙관적인' 허무주의는 사물을 제대로 바라볼 수 있게 해준다. 성공과 명성도 한낱 순간에 불과하다. 그 허상을 좇느라 인생을 허비하게 되고 세상의 참된 모습을 놓친다. 목적과 가치를 상실한 삶은 행복하지 않다.

허상과 실상을 모두 볼 줄 아는 안목을 길러야 한다. 우리는 낙관적인 허무주의자로 살 필요가 있다.

삶이 짧음을 알아야
삶을 즐길 수 있다

하늘과 땅은 까마득한 옛날부터 있었지만, 내 몸은 두 번 다시 얻을 수 없다.

인생은 고작 백 년이지만, 그 세월도 쉽게 지나간다.

그래도 다행히 그 사이에 사람으로 태어났으니 삶의 즐거움을 알아야 할 것이며, 헛된 삶을 살지 않도록 근심해야 한다.

—— 전집 107

天地有萬古, 此身不再得.
人生只百年, 此日最易過.
幸生其間者, 不可不知有生之樂, 亦不可不懷虛生之憂.

———— 꽃이 진다는 사실을 알기 때문에 꽃놀이를 즐길 수 있다. 인생도 마찬가지다. 언젠가 끝날 것을 알기 때문에 삶의 즐거움을 누려야 한다. 그리고 이와 동시에, 짧아서 소중한 삶이므로 헛되이 보내서는 안 될 것이다. 하루하루를 소중하게 살아보자.

잘될 때 더욱 살피고 조심한다

늙어서 생기는 병은 모두 젊었을 때 불러들인 것이다.

쇠퇴한 이후의 재앙은 모두 흥성했을 때 만들어진 것이다.

그러므로 가장 흥성할 때 미리 조심하고 두려워해야 한다.

—— 전집 109

老來疾病, 都是壯時招的.

衰後罪孽, 都是盛時作的.

故持盈履滿, 君子尤兢兢焉.

———— 삶은 철저히 인과론에 들어맞는다. 현재의 고달픔은 과거의 결과다. 밀물이 있으면 썰물이 있고, 달이 차면 기우는 것이 자연의 이치다. 굵게 오래 살고 싶지만 자연은 그것을 허락하지 않는다.

그렇지만 자연의 순리대로 사는 것도 어려운 삶이다. 건강하다고 몸을 함부로 다루고, 돈이 많다고 펑펑 쓰고, 높은 자리에 있다고 사람을 함부로 대하다가 훗날 괴로워한다. 아무리 후회해봐야 전부 과거의 내 잘못 때문에 벌어지는 일이다. 잘될 때, 잘나갈 때, 더욱 살피고 조심하자.

늘 변하는 마음은
자연스러운 일이다

맑은 날 푸른 하늘도 별안간 천둥 번개 치는 하늘로 변한다.

거센 비바람이 몰아치다가도 갑자기 맑고 달 밝은 하늘로 변한다.

하늘의 기운이 변화무쌍한 것은 털끝만큼의 막힘 때문이다.

하늘의 모습이 변화무쌍한 것은 털끝만큼의 엉킴 때문이다.

사람의 마음 바탕도 이와 같은 것이다.

—— 전집 124

霽日靑天, 倏變爲迅雷震電.
疾風怒雨, 倏變爲朗月晴空.
氣機何常, 一毫凝滯.
太虛何常, 一毫障塞.
人心之體, 亦當如是.

───────── 기상 관측 기술이 발달했는데도 일기예보가 틀리는 때가 많다. 그만큼 기상 상태가 변화무쌍하기 때문이다. 자연 현상은 작디작은 막힘이나 엉킴에서 비롯된다.

사람 마음도 똑같다. 늘 변한다. 이상한 게 아니다. 그 또한 자연스러운 일이다.

그렇기에 감정의 동요를 인정하고 솔직하게 받아들이는 자세가 필요하다. 그리고 서둘러 맑게 갠 푸른 하늘처럼 평온해지면 되는 것이다. 아무리 힘들어도 시련은 다음 목표를 향한 과정이라고 여기면 마음이 가라앉는다. 아침이 오지 않는 밤은 없다고 생각하면 자기관리도 어려운 일은 아닐 것이다. 내일을 향해 희망을 이어가는 활력도 솟게 할 수 있다.

시작보다 마무리가 중요하다

날이 저물 때의 노을이 아름답고, 한 해가 끝나갈 무렵의 귤이 향기롭다.

그러므로 삶이 끝나가는 만년에 군자는 마땅히 백 배 더 정신을 가다듬는다.

—— 전집 199

既暮而猶烟霞絢爛, 歲將晚而更橙橘芳馨.
故末路晚年, 君子更宜精神百倍.

삶이 무거울 때 채근담을 읽는다

─────────   촛불은 꺼질 때가 가장 밝다. 불꽃을 일정하게 만들어
주던 밀랍이 녹아 심지가 완전히 드러나면서 한꺼번에 타들어가기 때
문이다. 인생 만년에 더욱 빛나는 삶이야말로 최선이겠지만, 우리 주
변을 보면 그렇지 못한 사람들이 더 많은 것 같다.

시작보다 마무리가 중요하다. 만년에 삶을 잘 마무리하려면 젊은 날
에 제대로 살아야 한다. 살아온 나날이 후회 없도록, 자신의 인생에 만
족하면서 깨끗하게 다 태울 수 있도록, 오늘을 사는 것이다.

바위처럼 무심하게 산다

뜻대로 되지 않는다고 근심하지 마라.

마음대로 잘된다고 기뻐하지 마라.

오래도록 평안하리라고 믿지 마라.

처음의 어려움을 꺼리지 마라.

—— 전집 202

毋憂拂意.

毋喜快心.

毋恃久安.

毋憚初難.

─────── 좋은 일도, 나쁜 일도, 즐거운 일도, 괴로운 일도 있는 것이 우리의 삶이다. 오늘 좋았다가도 내일 나쁠 수 있고, 오늘 슬펐다가도 내일 기쁠 수 있다. 그렇지 않은 인생은 어디에도 없다. 어차피 삶이 이런데, 그때그때의 감정에 휘둘리며 사는 것이 더 피곤하다.

큰 바위는 비가 오나, 눈이 오나, 바람이 부나, 그 자리에 묵묵히 서 있다. 우리도 바위처럼 무심하게 마음을 비우고 살아보자.

냉철하게 세상을 바라본다

냉철한 눈으로 사람을 보고, 냉철한 귀로 사람의 말을 들어야 한다.
냉철한 정으로 사물을 대하고, 냉철한 마음으로 이치를 생각해야
한다.

—— 전집 206

冷眼觀人, 冷耳聽語.
冷情當感, 冷心思理.

———— 시각·청각·촉각·미각·후각 중에서 특히 중요한 감각은 받아들이는 정보량이 가장 많은 시각(눈)과 청각(귀)이다. 그래서 먼 곳을 잘 내다보는 눈과 먼 곳의 소리를 잘 듣는 귀가 있다면 정보 수집과 관찰에 능할 수 있다.

반면 실제로는 보지 않았는데 본 셈 치고, 듣지 않았는데 들은 셈 치는 태도는 최악이다. 남의 말을 곧이곧대로 받아들이거나 확인되지 않은 사실을 무턱대고 믿어서 일을 그르치는 경우가 많다.

무조건 의심만 하라는 뜻은 아니다. 매사 냉철하게 처신해야 한다는 이야기다. 그러면 실수를 줄일 수 있다. 옳은 판단을 할 수 있다.

허식은 저 멀리 벗어 던진다

꾀꼬리가 지저귀고 꽃이 만발해 산과 골짜기가 아름다운 것은 천지에 드러난 한때의 모습이다.
물이 마르고 나뭇잎이 떨어져 바위와 언덕이 메마르게 드러난 것이 천지의 참된 모습이다.

―― 후집 3

鶯花茂而山濃谷艶, 總是乾坤之幻境.
水木落而石瘦崖枯, 纔是天地之眞吾.

——————— 겉으로 드러나는 모습에 치중하다 보면 참모습을 알 수 없다. 대개의 사람들은 겉모습에 현혹되기 때문에, 내가 꾸미고 감출수록 스스로를 객관적으로 볼 수 없게 된다. 사람들은 겉으로 보이는 내 모습에 따라 나를 대할 뿐이다. 또한 어느새 나도 나의 그런 모습을 진짜라고 착각한다.

나 자신을 제대로 보지 못하면 삶의 방향을 놓치게 된다. 잘못된 판단과 잘못된 투자로 이어지기도 한다. 나를 객관적으로 보려면 허식을 벗어 던져야 한다. 그래야 상대방이 나를 어떻게 보는지 알 수 있다. 명예나 권세가 쇠락한 다음에야 비로소 그 사람에 대한 진정한 평가가 이뤄진다. 내가 힘 없고 돈 없을 때 과연 몇 사람이 내 곁에 남아 있을지 생각해보자.

마음이 바쁘면 세월이 짧아진다

세월은 본래 길건만, 마음 바쁜 사람이 스스로 짧다 한다.

천지는 본래 넓건만, 마음 좁은 사람이 스스로 좁다 한다.

바람과 꽃, 눈과 달은 본래 한가하건만, 한밑천 잡으려는 사람이

스스로 분주하다.

—— 후집 4

歲月本長, 而忙者自促.

天地本寬, 而鄙者自隘.

風花雪月本閒, 而勞攘者自冗.

삶이 무거울 때 채근담을 읽는다

─────── 세월을 탓하고 하늘을 탓해도 결국 모두 자기 탓이다. 자기 욕심에 안달복달하면서 애꿎은 시간 탓 세상 탓만 한다. 조급한 삶에서는 보이지 않는 것들도, 느긋하게 마음을 가라앉히고 보면 자연스럽게 그 본질이 드러나게 마련이다. 마음이 바쁘면 세월만 빨라질 뿐이다.

쉴 때는 쉰다

사람이 쉬려고 마음먹으면 즉시 쉬는 것이 좋다.

만약 쉴 때를 찾는다면 자식들 모두 혼인시켜도 남은 일이 줄어들

지 않는다.

승려나 도사가 좋다고 하나 그 마음으로도 깨닫지 못한다.

그래서 옛사람이 이르기를, "당장 쉬면 쉴 수 있지만 그칠 만한 때

를 찾으면 때가 없다"고 했으니, 그 견해가 참으로 탁월하다.

—— 후집 15

人肯當下休, 便當下了.

若要尋個歇處, 則婚嫁雖完, 事亦不少.

僧道雖好, 心亦不了.

前人云, 如今休去, 便休去, 若覓了時, 無了時, 見之卓矣.

삶이 무거울 때 채근담을 읽는다

─────── 중국 당나라 시대 때 시인 백거이(白居易)의 시 〈망강루 상작(望江樓上作, 망강루 위에서 짓다)〉에 이런 구절이 나온다.

"내 나이 불혹을 넘겼으니 물러나 쉬어도 정녕 이른 것은 아니다(我年過不惑, 休退誠非早)."

지금이야 마흔이면 한창 일할 때지만 시인이 살았던 시대를 감안하고 음미해보자. 쉬지 못하는 것도 집착과 욕심 때문이다. 우리 주변, 특히 정치권에서 노욕(老慾) 부리는 이들을 보게 된다. 권력을 놓지 않으려는 욕심을 "아직 할 일이 남아 있다"는 말로 합리화한다.

'휴(休)'는 "쉬다"와 "그만두다"라는 뜻을 모두 품은 낱말이다. 아직 젊다면 "쉴 때는 쉰다"로 받아들이면 되고, 노욕이라는 말을 들을 나이라면 "그만둘 때는 그만둔다"로 이해하면 될 것이다.

나쁜 마음을 버려서
괴로움을 덜어낸다

더위를 없앨 수는 없지만, 덥다고 괴로워하는 마음을 없애면, 몸은
늘 시원한 누대에 있을 수 있다.

가난을 떨칠 수는 없지만, 가난을 괴로워하는 생각을 떨치면, 마음
은 늘 안락한 집에 있을 수 있다.

──후집28

熱不必除, 而除此熱惱, 身常在淸凉臺上.
窮不可遣, 而遣此窮愁, 心常居安樂窩中.

─────── 실제로도 사람의 마음은 뇌의 인식 작용이므로 나쁘게 생각하면 나빠지고 좋게 생각하면 좋아진다. 한여름 무더위라는 현상 자체를 바꿀 수는 없지만, 덥다고 짜증만 내지 말고 차분히 괜찮다고 생각하면 확실히 나아진다.

지금 처해 있는 상황이 좋지 않더라도 계속해서 긍정적으로 생각하면 견뎌낼 수 있다. 부정적으로 생각하면 삶은 더욱 고달파진다. 구태의연한 말처럼 들릴지 몰라도 사실이 그렇다. 마음먹은 방향대로 세상은 달라 보이게 마련이다.

욕심이 없으면 마음고생도 없다

내가 영화를 바라지 않는데, 어찌 이익과 봉록이라는 향기로운 미끼를 근심하겠는가.
내가 나서기를 다투지 않는데, 어찌 벼슬살이라는 위태로움을 두려워하겠는가.

—— 후집 44

我不希榮, 何憂乎利祿之香餌.
我不競進, 何畏乎仕官之危機.

삶이 무거울 때 채근담을 읽는다

─────── 욕심을 전부 버리라는 의미는 아니다. 욕심도 사람의 본성이다. 문제는 과하게 욕심부릴 필요가 없는 것을 욕심부리고 걱정한다는 데 있다. 그렇게 스트레스를 받아 병에 걸리면 본전도 못 찾는다.

물질적 욕망을 현명하게 조절하면 잘못된 유혹에 사로잡힐 일이 없다. 남들을 짓밟고 앞서 나가겠다는 욕망을 눅이면 사회생활의 인간관계에서 위기가 찾아오지 않는다. 거리낄 것이 없으니 삶도 떳떳한 것이다.

오늘의 내 것도
언젠가는 남의 것이다

사람의 정과 세상일은 갑자기 변하므로 지금의 진실이 절대적이라고 생각해서는 안 된다.

요부가 이르기를, "어제는 내 것이라 하던 것이 오늘은 다른 이의 것이 되었으니, 오늘의 내 것이 훗날 누구의 것일지 어찌 알겠는가" 하였다.

사람이 늘 이런 생각을 가진다면 가슴 속 얽매임을 풀어낼 수 있을 것이다.

—— 후집 58

人情世態, 倏忽萬端, 不宜認得太眞.
堯夫云, 昔日所云我, 而今却是伊, 不知今日我, 又屬後來誰.
人當作是觀, 便可解却胸中罥矣.

　　　　　　　　　　삶이 무거울 때 채근담을 읽는다

─────── '요부(堯夫)'는 중국 송나라(북송) 시대의 학자이자 시인 소옹(邵雍)을 말한다. 인정과 세태는 하루가 다르게 변한다. 오늘의 동지가 내일의 적이 될 수도 있고 그 반대가 될 수도 있다. 오늘은 내 것이었는데 내일은 남의 것이 될 수도 있다. 애초부터 이 사실을 인정하고 그나마 마음이 편할 것이다.

달관하면 마음이 한가롭다

이룬 것은 반드시 무너진다는 사실을 알면, 이루려는 마음을 지나치게 굳히지 않을 것이다.

살아있는 것은 반드시 죽는다는 사실을 알면, 삶을 보전하고자 지나치게 애태우지 않을 것이다.

—— 후집 62

知成之必敗, 則求成之心, 不必太堅.
知生之必死, 則保生之道, 不必過榮.

——————　완벽주의자는 이상이 매우 높아서, 무엇이든 완벽하지 않으면 성에 차지 않는다. 스스로 삶을 피곤하게 산다. 성공과 실패, 삶과 죽음은 한 세트로 구성되어 있다. 연연하지 않고 달관한 자세로 살면 인생의 고민이 줄어든다. 그렇기 때문에 조급하거나 초조할 이유가 없다.

괴로움은 내 마음이 만드는 것

세상 사람들은 영리에 얽매여 걸핏하면 티끌 같은 세상이니 괴로움의 바다이니 하지만, 흰 구름과 푸른 산, 흐르는 냇물과 치솟은 바위, 맞이하는 꽃과 웃는 새, 화답하는 골짜기와 노래하는 나무꾼을 알지 못한다.

세상은 티끌도 아니고 괴로움의 바다도 아닌데, 사람들 스스로 자신의 마음을 티끌과 괴로움의 바다로 만든다.

—— 후집 121

世人爲榮利纏縛, 動曰塵世苦海, 不知雲白山靑, 川行石立, 花迎鳥笑,
谷答樵謳.
世亦不塵, 海亦不苦.
彼自塵苦其心爾.

삶이 무거울 때 채근담을 읽는다

————— 　욕망과 집착에 사로잡혀 있으면 세상 모든 것이 하찮고 괴롭게 보이지만, 세상이 하찮고 괴로운 게 아니다. 내가 그렇게 보는 것이다. 마음에서 욕심을 버리면 있는 그대로의 자연과 사회를 받아들일 수 있으며, 희망을 통해 미래를 기대감으로 채울 수 있다.

지나치면 추해진다

꽃은 반쯤 피었을 때 보고 술은 살짝 취하도록 마시면, 그 가운데
참된 아름다움이 있다.
만약 꽃이 흐드러지게 피고 술에 흠뻑 취하면 도리어 추한 지경에
이르는 것이다.
만족함을 누리고 있는 사람은 마땅히 이를 생각해야 한다.

―― 후집 122

花看半開, 酒飮微醉, 此中大有佳趣.
若至爛漫酕醄, 便成惡境.
履盈滿者, 宜思之.

─────── 무엇이든지 적당한 선이 있다. 그 선을 넘어 지나치게 되면 추해진다. 특히 술이 그렇다. 마실 때는 즐겁다가도 더 많이 마시면 다음 날 숙취로 고생하고, 취중에 하찮은 일로 다투는 원인이 되기도 한다. 꽃은 반쯤 피었을 때 가장 예쁘다. 그래서 꽃집에서 꽃다발을 만들 때도 반쯤 핀 꽃을 사용한다. 활짝 핀 꽃은 낙화(落花) 직전의 몸부림이다.

노자도 《도덕경》 상편(도경) 33장에서 "만족할 줄 아는 사람이 부유하다(知足者富)"고 말한다. 다 채워지기를 바라기보다 만족하는 자세로 살아보자. 인생을 더 즐길 수 있다.

○

가족과 화목하고 행복하려면,

친구와 연인을 잃지 않으려면,

사람들과 더불어 잘 지내려면,

너무 가까워 부담을 주기보다

어느 정도 거리를 유지하는 것이 좋다.

나의 생각을 너무 강요하지 않고

다른 이들의 잘못은 이내 잊어버리는 넓은 마음을 갖자.

제4장

더불어 사는 삶을
생각하다

거슬리는 모든 것이 나를 성장시킨다

귀로는 늘 귀에 거슬리는 말을 듣고, 마음으로는 마음에 거슬리는

일을 받아들이면, 덕을 발전시키고 좋은 행실을 닦는 숫돌이 된다.

만약 하는 말마다 귀를 기쁘게 하고, 하는 일마다 마음을 즐겁게

한다면, 이번 삶을 맹독에 빠뜨리는 것이다.

—— 전집 5

耳中常聞逆耳之言, 心中常有拂心之事, 總是進德修行的砥石.
若言言悅耳, 事事快心, 便把此生, 埋在斟毒中矣.

삶이 무거울 때 채근담을 읽는다

──────　　사마천(司馬遷)이 쓴 《사기(史記)》에서 이인자들의 이야기를 담은 〈세가(世家)〉 가운데 '유후세가(留侯世家)'를 보면 "충고하는 말은 귀에 거슬리지만 행실에 이롭고, 좋은 약은 입을 괴롭게 하지만 병에 이롭다(忠言逆耳利於行, 良藥苦口利於病)"는 유명한 구절이 나온다.

　우쭐해지면 자만에 빠져서 독단적이고 안하무인해지기 쉽다. 그럴 때 따끔한 충고를 해주는 것이 친구다. 귀와 마음에 거슬리더라도 삶을 올바른 방향으로 살도록 잡아준다. 감언이설은 마치 맹독에 빠지듯이 내 삶을 헤어나오지 못할 구렁텅이로 몰 것이다.

훌륭한 사람은 평범한 사람이다

진한 술과 기름진 고기, 맵고 단 것은 참된 맛이 아니다.

참된 맛은 오직 담백할 뿐이다.

신기하고 뛰어난 재주가 있다고 지극한 경지에 이른 사람이 아니다.

지극한 사람은 오직 평범할 뿐이다.

—— 전집 7

醲肥辛甘, 非眞味.
眞味只是淡.
神奇卓異, 非至人.
至人只是常.

삶이 무거울 때 채근담을 읽는다

——— 자극적인 음식은 쉽게 질리게 마련이다. 꿀이 아무리 달아도 계속 먹으면 쓰다. 최고급 고기라도 계속 먹으면 느끼하다. 담백한 음식이 씹으면 씹을수록 깊은 맛이 난다.

사람도 너무 잘나거나 특출나면 오래가지 못한다. 비범하지만 평범하게 사는 사람이 지극히 참된 사람이다. 큰 뜻을 품은 사람의 삶은 간소하다. 자극적이고 화려한 삶은 싫증을 유발한다. 평범함은 담백해서 싫증이 나지 않는다. 존경받을 만한 사람들의 삶은 모두 수수하다.

신의를 지키고 소박한 마음으로 산다

친구를 사귀는 데는 삼분의 의협심을 가져야 한다.
사람이 되는 데는 한점의 소박함을 가져야 한다.

—— 전집 15

交友, 須帶三分俠氣.
作人, 要存一點素心.

삶이 무거울 때 채근담을 읽는다

——— 모든 인간관계는 이해득실을 따지게 되면 무너진다. 친구가 좋은 까닭은 서로 권모술수를 부리지 않아도 되기 때문이다. 친구를 수단이나 목적으로 대한다면 더 이상 친구가 아니다. 오히려 10분의 3 정도는 친구를 위해 손해 볼 수 있다는 의협심이 필요하다.

인생에서 가장 소중히 여겨야 할 것은 다름 아닌 인간관계다. 사람이 전부다. 나부터가 다른 이들로부터 신뢰받는 사람이 되려면 항상 솔직하고 소박해야 한다. 그런 사람은 세파에 물들지 않는다. 서로 힘이 되는 사이는 하루아침에 생기지 않는다.

화목한 가정은 미리 누리는 천국이다

가정에도 참된 부처가 있고, 일상에도 참된 도가 있다.

사람이 성실한 마음과 온화한 기운을 지니고, 즐거운 얼굴과 부드러운 말씨로 부모 형제를 한몸처럼 해서 뜻이 통하게 되면, 이는 숨을 고르고 마음을 살피는 것보다 만 배는 낫다.

—— 전집 21

家庭有個眞佛, 日用有種眞道.

人能誠心和氣, 愉色婉言, 使父母兄弟間, 形骸兩釋, 意氣交流, 勝於調息觀心萬倍矣.

———— 가정은 우리의 안식처다. 집안이 화목하지 않으면 무엇을 이루든 사상누각에 불과하다. 진리는 다른 곳에 있는 것이 아니다. 우리의 일상생활에서 찾아야 한다. 가족은 모든 것이 시작이자 끝이다. 복을 얻겠다 명상하고 호흡하고 참선한들 가족이 평안하지 않으면 아무 소용 없다.

사회적으로 성공하고 존경받는 사람인데 알고 보니 가정은 화목하지 않은 경우가 꽤 있다. 감히 말하건대 그 사람은 결코 행복할 수 없다. 천하를 다 가져도 가족간에 불화가 있으면 결국에는 망한다. 화목한 가정은 미리 누리는 천국이지만, 그 반대는 미리 겪는 지옥이다.

꾸짖거나 베풀 때도 상대를 생각한다

남의 허물을 꾸짖을 때는 지나치게 엄하지 마라.

그 사람이 받아들일 수 있는지 생각해야 한다.

남에게 선을 베풀 때는 지나치게 고상하지 마라.

그 사람이 따를 수 있도록 해야 한다.

—— 전집 23

攻人之惡, 毋太嚴.
要思其堪受.
教人以善, 毋過高.
當使其可從.

─── 이른바 사람 다루는 요령의 기본이다. 잘못을 지적하거나 꾸짖는 목적은 비난하기 위해서가 아니다. 상대가 자신의 잘못을 깨닫고 받아들여 변하도록 하는 것이 목적이다. 그런데 너무 궁지로 몰아붙이면 심리적으로 빠져나갈 곳이 없어 반감이 일어난다. 이른바 억하심정이 생긴다.

마찬가지로 상대를 칭찬하거나 선행을 베풀 때도 지나치면 역효과를 낸다. 칭찬에는 상대방의 바람직한 행실을 인정해주고 계속 그렇게 하라는 독려의 의미가 있다. 선을 베푸는 데는 상대방도 따라서 그렇게 해주기를 바라는 마음이 담겨 있다. 하지만 너무 지나치면 우쭐함과 교만함을 들게 하고, 호의를 권리로 받아들이는 못된 생각을 품게 만든다.

미워하지 않고 예를 다해 존중한다

소인을 대할 때 엄히 하기가 어려운 것이 아니라 미워하지 않기가
어렵다.
군자를 대할 때 공손히 하기가 어려운 것이 아니라 예를 다하기가
어렵다.
—— 전집 36

待小人, 不難於嚴而難於不惡.
待君子, 不難於恭而難於有禮.

——— 사람을 대하는 일은 어려운 법이다. 잘못을 지적하면 곧바로 눈치채고 바로잡는 사람도 있고, 태생적으로 반발심이 강해 오히려 역효과가 나는 사람도 있다. 그래서 잘못을 지적할 때도 현명하게 해야 한다. 꾸짖고 싶을 때는 우선 왜 꾸짖어야 하는지 스스로에게 물어야 한다. 그저 내 감정이 상해서인지, 상대방을 위하는 마음 때문인지, 꾸짖으면 성장할 수 있는 사람인지, 어떤 방식으로 해야 하는지 등을 생각해야 한다. 이때 그 사람이 미워서라면 잘못을 지적하는 일은 하지 않는 것이 좋다. 서로에게 득이 되지 않기 때문이다.

자신보다 훌륭한 사람을 대할 때도 지나치게 공손하기보다는 당당하되 예의를 차리는 것이 바람직하다. 죄지은 사람처럼 굽실거릴 까닭은 전혀 없다.

상대와 대등한 입장이 되지 않으면 인간관계는 오래가지 않는다. 내가 늘 주기만 하거나, 반대로 늘 받기만 하는 관계는 그때뿐이다. 항상 상대방에게 어울리는 사람이 되기 위한 노력을 게을리해서는 안 된다.

세상이 어지러울 때는 원만하게 산다

태평한 세상에서는 반듯하게 살아야 하고, 어지러운 세상에서는
원만하게 살아야 하며, 평범한 세상에서는 반듯하고 원만하게 살
아야 한다.

선한 사람은 너그럽게 대해야 하고, 악한 사람은 엄하게 대해야 하
며, 보통 사람들은 너그럽고 엄하게 대해야 한다.

―― 전집 50

處治世宜方, 處亂世宜圓, 處叔季之世, 當方圓竝用.
待善人宜寬, 待惡人宜嚴, 待庸衆之人, 當寬嚴互存.

삶이 무거울 때 채근담을 읽는다

───── 세월은 좋든 싫든 가게 마련이며, 사람은 당연히 나이를 먹는다. 평온한 시기도 있고 파란의 시기도 있다. 부대낌 없이 잘 지내다가 어려움을 겪고 좌절하기도 한다.

격변의 21세기에 그런 시기가 있을까 싶지만, 세상이 태평할 때는 몸과 마음을 반듯하게 해야 하고, 지금처럼 혼란스러운 세상에서는 원만하게 사는 것이 삶을 보전하는 현명한 처신이다. 보통 때가 가장 어려운데, 반듯함과 원만함을 아울러 가져야 한다.

사람을 상대할 때도 심성이 착한 사람에게는 온화하게 대해도 아무런 문제가 생기지 않으며, 마음이 못돼먹은 사람에게는 엄격히 대하는 게 맞다. 문제는 대부분의 보통 사람들이다. 상황에 따라 때로는 온화하게 때로는 엄중하게 대해야 할 것이다. 이는 상대방을 위하는 것과 동시에 나를 위한 것이기도 하다.

베풀어도 보답을 바라지 않는다

은혜를 베푸는 사람이 안으로 자신을 의식하지 않고 밖으로 남을
의식하지 않는다면, 한 말의 곡식도 만 섬의 은혜가 된다.
남을 이롭게 하는 사람이 자기가 베푼 은혜를 따지고 보상을 바란
다면, 아무리 많은 돈으로도 한 푼의 공을 이루기 어렵다.

── 전집 52

施恩者, 內不見己, 外不見人, 則斗粟可當萬鍾之惠.
利物者, 計己之施, 責人之報, 則百鎰難成一文之功.

삶이 무거울 때 채근담을 읽는다

───── 내가 어떤 의도를 갖고 행동하면 상대방은 본능적으로 그것을 감지한다. 남을 위해 한 일인데 되레 원한을 사고, 누구를 위해서라고 생각하지 않고 한 일이 감사를 받을 때가 있는 것도 이 때문이다. 좋은 일을 하고도 오해를 받게 되는 가장 큰 이유는 티를 내서다. 그래서 은혜를 베풀었을 때는 보답을 바라지 않고, 은혜를 입었을 때는 널리 알리는 것이 좋은 태도다. 진심에서 우러나온 말과 행동이라면 그것으로 족하다. 다 알려지게 되어 있다.

가족 간에는 온화하게 대한다

집안사람에게 잘못이 있으면 크게 화내서도 안 되며 가벼이 넘겨
서도 안 된다.

직접 말하기 어렵다면 다른 일을 비유해서 넌지시 알려준다.

오늘 깨닫지 못하면 내일을 기다려 일깨워준다.

봄바람이 언 땅을 녹이고 온기가 얼음장을 녹이듯이 하는 것이 집
안을 다스리는 규범이다.

―― 전집 96

家人有過, 不宜暴怒, 不宜輕棄.

此事難言, 借他事隱諷之.

今日不悟, 俟來日再警之.

如春風解凍, 如和氣消氷, 纔是家庭的型範.

삶이 무거울 때 채근담을 읽는다

─────── 부모라면 자식을 훈계할 때 감정에 치우쳐 무작정 화를 내서도 안 되며, 그렇다고 잘못을 바로잡지 않고 방치해서도 안 된다.

부모가 어떻게 하느냐에 따라 자녀의 미래가 달라진다. 자녀교육에 정답이 있는 것은 아니겠지만, 이른바 가정교육을 잘 받은 아이들은 예의를 알고 무던하다. 자녀가 잘못을 저질렀을 때는 스스로 깨닫고 고칠 수 있도록 자연스럽게 유도하는 것이 좋은 훈육 방식이다. 훗날 세상에 나가서 모나지 않게 살 수 있는 기본을 갖추게 하는 것이다.

부모의 깊고 크지만 엄한 사랑을 아이가 느낄 수 있도록 해주자.

남의 허물과 사생활과 잘못은 잊는다

남의 작은 허물을 나무라지 않는다.

남의 사생활을 들추지 않는다.

남의 지나간 잘못을 마음에 두지 않는다.

이 세 가지를 지키면 자신의 덕을 높일 수 있고 원한을 사는 일도

피할 수 있다.

—— 전집 105

不責人小過.

不發人陰私.

不念人舊惡.

三者可以養德, 亦可以遠害.

삶이 무거울 때 채근담을 읽는다

─────── 망각이 좋을 때가 있다. 특히 다른 사람에 관한 것은 잘 잊는 것이 미덕이다. 그러면 인생에서 탈이 날 일도 없다. 기억하지 않으면 마음이 가벼워지고 스트레스도 되지 않는다. 남의 허물과 사생활과 잘못을 자꾸 들추면 그들 또한 나에게도 그렇게 한다. 자신에게 엄격하고 다른 이들에게는 관대한 사람이 되려고 노력하다 보면 자연스럽게 인격도 높아진다.

친구가 잘못하면 충고해야 친구다

부모 형제가 변을 당하면 허둥대지 말고 침착하게 행동해야 한다.
친구의 잘못을 보면 주저하지 말고 마땅히 충고해야 한다.

—— 전집 113

處父兄骨肉之變, 宜從容不宜激烈.
遇朋友交遊之失, 宜凱切不宜優游.

　　　　　　　　삶이 무거울 때 채근담을 읽는다

───── 가족이 변고를 당하면 감정이 격해져서 이성을 잃을 수 있다. 오랜 친구가 잘못을 저지르면 그간의 관계가 틀어질까 봐 따끔하게 충고하지 못하고 넘어가는 경우가 있다. 반대로 해야 한다. 그래야 든든한 가족 구성원이 되고 진정한 친구가 될 수 있다. 이미 당한 일은 침착하게 수습하는 것이 옳으며, 앞으로도 계속 좋은 관계를 유지하기 위해서는 똑같은 잘못을 반복하지 않도록 짚고 넘어가는 것이 맞다.

한 끼 식사도 평생 은혜가 될 수 있다

천금으로도 한때의 환심을 사기가 어렵고, 한 끼의 밥으로도 평생
의 은혜를 만든다.
애정이 지나치면 오히려 원수가 되기도 하고, 각박함이 지극하면
오히려 기쁨이 되기도 한다.
—— 전집 115

千金難結一時之歡, 一飯竟致終身感.
蓋愛重反爲仇, 薄極翻成喜也.

────── 강물의 고마움은 금세 알 수 있지만 산의 고마움을 아는 데는 시간이 걸린다. 강물은 바로 마실 수 있는 데 반해 산의 열매는 익어야 먹을 수 있기 때문이다. 사람의 은혜는 산의 열매와 같다. 나중에서야 고마움을 알게 된다. 그러므로 상대방이 고마움을 깨닫기 전에 오해가 생기면 은혜가 원한이 되어 돌아오기도 한다.

은혜가 크고 작은 것도 상대적이다. 아무리 천금을 들였어도 상대방이 만족하지 못하면 소용없고, 밥 한 끼 함께했을 뿐인데 죽을 때까지 커다란 은혜로 마음속 깊이 간직되는 경우도 있다. 상대방의 마음을 헤아리지 못한 베풂은 아무짝에도 쓸모없다.

베풂과 은혜는 거래가 아니다

부모는 자애롭고, 자식은 효도하며, 형제간에 아끼고 공경하는 마음은, 아무리 극진하더라도 마땅히 그렇게 해야 하는 일이다.

털끝만큼도 감격스럽게 여길 것이 되지 못한다.

베푸는 이는 덕을 베풀었다고 생각하고, 받는 이는 갚아야 할 은혜로 여긴다면, 이는 곧 길 가다가 만난 사람의 일과 같으니 장사꾼의 도와 다를 바 없다.

── 전집 133

父慈子孝, 兄友弟恭, 終做到極處, 俱是合當如此.
著不得一毫感激的念頭.
如施者任德, 受者懷思, 便是路人, 便成市道.

삶이 무거울 때 채근담을 읽는다

─────── 부모는 자식에게 인자하고 자식은 부모에게 효도하는 것, 형과 아우 사이에 우애가 있는 것, 부부가 서로를 아끼고 사랑하는 것은 당연한 일이다. 생색낼 일이 아니다. 세상이 아무리 변했어도 천륜과 인륜이 있다. 그런데도 "형제간에(자매간에/남매간에) 우애가 깊구나", "요즘 사람 같지 않고 효자구나(효녀구나)" 하는 말이 나오는 까닭은 그만큼 세상이 각박해졌기 때문일 것이다.

반면 우리가 흔히 '비즈니스적인 관계'라고 일컫는 사이가 있다. 《사기》에서 주요 핵심 인물들의 이야기를 담아낸 〈열전(列傳)〉 중 '염파인상여열전(廉頗藺相如列傳)'에 "천하는 시장에서 물건을 사고팔듯이 사귀니, 권세가 있으면 따르고 없으면 떠난다"는 대목이 나온다. 이것이 '장사꾼의 도(市道)', 즉 '비즈니스적인 관계'다. 서로 뭔가 주고받기를 원하면서 의리니 도리니 내세우는 것은 이치에 맞지 않는다. 베풂과 은혜는 거래가 아니다.

공과는 구분하고 은원은 밝히지 않는다

공로와 과실은 조금도 혼동하면 안 된다.

혼동하면 게으른 마음을 품게 된다.

은혜와 원한은 지나치게 밝히면 안 된다.

밝히면 배반하고 의심하게 된다.

—— 전집 136

功過, 不容少混.

混則人懷惰墮之心.

恩仇, 不可大明.

明則人起携貳之志.

─────── 공적인 관계에서 공과를 철저히 구분하는 것은 매우 중요하다. 특히 회사와 같은 조직 사회에서 공로와 과실을 제대로 가려내지 못하면 구성원들의 능력을 온전히 끌어낼 수 없다. 잘했는데도 인정받지 못하고, 못했는데도 그냥 넘어가면 타성에 젖고 만다. 잘해야 하는 이유도, 못하면 안 되는 까닭도 사라지게 된다.

사적인 관계에서는 오히려 은원을 너무 밝히면 곤란하다. 은혜를 입은 데 너무 집착하면 훗날 혹시 생길지 모를 상대방의 잘못에 대해 지적하지 못하게 되고, 원한이 있다고 해서 지나치게 매몰되면 상대방의 좋은 점을 보지 못하게 된다.

사람이기에 감정에서 자유로울 수는 없지만, 최대한 합리적이고 공정하게 바라보려는 노력이 필요하다.

공격할 때는 달아날 길을 터준다

간악한 무리를 제거하고 아첨꾼들을 막으려면, 그들이 달아날 길
을 터주어야 한다.

어디에도 달아날 곳이 없게 하면 쥐구멍을 틀어막는 것과 같아서,

소중한 기물들이 모두 물어뜯기고 깨질 것이다.

—— 전집 140

鋤奸杜倖, 要放他一條去路.

若使之一無所容, 譬如塞鼠穴者, 一切去路, 都塞盡, 則一切好物, 俱咬
破矣.

─────── 중국 한나라 때 환관(桓寬)이라는 학자가 엮은 《염철론(鹽鐵論)》에 "궁지에 빠진 쥐가 삵을 문다(窮鼠齧貍)"는 문장이 나온다. 훗날 '삵'이 '고양이'로 바뀌어 "궁지에 빠진 쥐가 고양이를 문다(窮鼠齧猫)"는 말로 널리 퍼졌다. 본래는 약자가 강자에게 필사적으로 대항하는 것을 뜻하지만 '약자' 대신 '불의한 무리'를 대입해도 그대로 적용된다.

잘못한 사람을 추궁하거나 아예 관계를 끊을 생각으로 공격할 때, 너무 막다른 골목까지 몰아붙이면 위험하다. 더이상 빠져나갈 곳이 없게 되면 되레 반발하면서 무슨 해코지를 할지 모르기 때문이다. 최소한의 관용은 남겨두어야 한다.

공로와 안락은 함께 나누지 않는다

다른 사람과 허물은 함께 나누더라도, 공로는 함께하면 안 된다.

공로를 함께 나누면 곧 서로 시기하게 된다.

다른 사람과 어려움은 함께 나누더라도, 안락은 함께하지 않는다.

안락을 함께 나누면 곧 서로 원수처럼 맞서게 된다.

—— 전집 141

當與人同過, 不當與人同功.

同功則相忌.

可與人共患難, 不可與人共安樂.

安樂則相仇.

삶이 무거울 때 채근담을 읽는다

———— 　서로 힘들어서 의지할 때보다 일이 잘되고 있을 때 사이가 나빠지는 경우가 많다. 일테면 동업을 할 때 처음에는 의기투합해 서로 성공을 꿈꾸며 열심히 일했는데, 정작 사업이 궤도에 오르고 나면 관계가 깨지는 모습을 흔히 볼 수 있다. 이유는 간단하다. 욕심 때문이다. 서로 힘들 때는 생각하지 않던 것들을 생각하기 때문이다.

'내가 더 많이 일한 것 같은데', '내가 더 가져가야 할 것 같은데'와 같은 마음이 점점 더 쌓이게 된다. 어쩔 수 없는 인간의 본성이기도 하다. 사람이 완벽한 존재라면 애초에 인덕을 쌓으려고 노력할 필요가 없을 것이다. 그렇기 때문에 좋은 인간관계를 유지하기 위해서는 허물은 자신에게 돌리고 공은 상대방에게 양보해야 한다. 상대방도 같은 생각으로 나를 대한다면 명실상부 진정한 친구다.

인지상정을 알면 실망할 일도 없다

배고프면 매달리고, 배부르면 떠나가며, 따뜻하면 몰려들고, 추워

지면 가버리는 것이 인정의 공통된 폐해다.

—— 전집 143

饑則附, 飽則颺, 燠則趨, 寒則棄, 人情通患也.

———— 내 주머니 사정이 넉넉할 때는 자주 찾아오지만, 자기 주머니가 두둑해지면 거들떠보지 않는 것이 사람이다. 예전에도 그랬고 지금도 그렇다. '인지상정(人之常情)'이 본래 그런 것이다.

우리라고 다를 게 없다. 우리도 평범한 사람이다. 다만 좀 더 나아지려고 애쓰는 사람이다. 그러니 살면서 이런 일을 무수히 겪게 되더라도 실망하거나 노여워하지 말자. 그래도 나는 그렇게 살지 않겠다는 마음만은 품고 살고자 애써보자.

내버려두는 것도 잘되게 하는 방법이다

서둘러서 잘되지 않은 일도 너그럽게 하면 분명해질 때가 있으니,

조급하고 성급해서 노여운 마음을 불러들이지 마라.

사람 가운데 시킬 때 잘 따르지 않는 이가 있어도 내버려두면 저절

로 따르는 수가 있으니, 닦달하고 안달해서 그 아집을 더하게 하지

마라.

—— 전집 153

事有急之不白者, 寬之或自明, 躁急以速其忿.
人有操之不從者, 縱之或自化, 操切以益其頑.

　　　　　　　삶이 무거울 때 채근담을 읽는다

───── 복잡하게 얽혀 있는 매듭을 풀고자 할 때 급한 마음에 아무 곳이나 막 당기다 보면 더 엉키게 된다. 천천히 하나씩 꼬인 곳을 풀어가야 온전히 다 풀 수 있다. 물론 시간이 걸린다. 그런데 어쨌든 시간은 걸리지만 결국 풀어진다. 반면 급하게 하면 시간은 시간대로 걸리고 당최 풀리지 않는다. 그 차이를 인지하고 조금만 여유로워지면 된다.

사람의 일이라는 것도 그렇다. 서둘러서 될 일이 있고 그렇지 않은 일이 있다. 특히 어떤 일을 내가 직접 하지 못하고 다른 사람에게 맡겨야 할 때는 더욱 노심초사하면 안 된다. 그 사람의 마음이 동해서 스스로 일을 추진할 수 있도록 해줘야 한다.

좁고 작은 마음으로는 좁고 작은 세계만 볼 수 있지만, 넓고 큰 마음을 가지면 넓고 큰 세계가 보이는 법이다.

세상을 대하는 세 가지 태도

오랜 친구와 만날 때는 소홀히 대하기 쉬우니 마음가짐을 더욱 새롭게 해야 한다.

은밀하고 미묘한 일에 처할 때는 마음의 자리를 더욱 분명하게 해야 한다.

기력이 쇠한 사람을 대할 때는 은혜와 예후를 더욱 융성하게 해야 한다.

—— 전집 165

遇故舊之交, 意氣要愈新.
處隱微之事, 心迹宜愈顯.
待衰朽之人, 恩禮當愈隆.

━━━━━ 오래 사귀어 스스럼없이 지내는 친구일수록 그 소중함을 잊지 말고 늘 소홀하지 않도록 신경 써야 한다. 이런 친구를 잃는 것은 자신에게 엄청난 타격이 된다.

뭔가 애매하고 복잡한 상황에 처해서는 오히려 태도를 확실히 하는 것이 좋다. 그래야 나중에 상황이 온전히 드러났을 때 낭패를 피할 수 있다.

그리고 내가 보기에 이 부분이 가장 중요한데, 중요한 자리를 벗어나 퇴물 취급을 받는 사람이라면 더욱더 예를 갖춰 대해야 한다. 독수리는 날개가 부러져도 독수리다. 실제로는 힘이 없는 게 아닌 경우가 많다. 물론 그렇기 때문에 예의 바른 척 연기를 하라는 뜻은 아니다. 당연히 진심이어야 한다.

은혜와 위엄의 두 가지 원칙

은혜를 베풀 때는 엷게 시작해 나중에는 짙어져야 한다.

처음에 짙고 나중에 엷으면 사람들이 그 은혜를 잊는다.

위엄을 보일 때는 엄격하게 시작해 나중에는 관대해져야 한다.

처음에 관대하고 나중에 엄격하면 사람들이 그 혹독함을 원망

한다.

── 전집 170

恩宜自淡而濃.
先濃後淡者, 人忘其惠.
威宜自嚴而寬.
先寬後嚴者, 人怨其酷.

　　　　　　　　　　　삶이 무거울 때 채근담을 읽는다

———— 존경받는 리더들의 공통점이다. 결국 사람을 다루는 문제인데 그 핵심을 찌르고 있다. 대부분의 사람은 열 번 못해주다가 한 번 잘해준 사람에게는 좋은 마음을 품게 된다. 반대로 열 번 잘해주더라도 한 번 못해주면 실망하고 심지어 원망하는 마음을 품기도 한다.

다른 사람에게 베풀 때 항상 이전의 베풀었던 크기가 기준이 된다. 전보다 커지면 사람들이 감동하지만 작아지면 실망한다. 위계질서를 세우거나 위엄을 보일 때는 반대다. 천성적으로 사람은 자신이 누군가보다 낮은 위치에 있다고 느끼기를 싫어한다.

그러므로 애초에 기강을 잡으려면 처음에는 뒤에서 욕먹을 것을 감수하고 아예 강하게 나가야 한다. 그러다가 점점 부드러워지는 것이다. 그러면 '피도 눈물도 없는 독종이라 생각했는데 지금 보니 너무나 따뜻한 분이었네' 하면서 존경하는 마음을 품게 된다.

각박함과 경박함을 경계한다

남에게 받은 은혜는 아무리 깊어도 갚지 않으면서, 원한은 아무리
얕아도 갚는다.

남의 악평을 들으면 확실치 않아도 의심하지 않으면서, 선행이 드
러나면 확실해도 의심한다.

각박함의 극치이며 경박함의 극한이 아닐 수 없다.

마땅히 경계해야 할 것이다.

—— 전집 194

受人之恩, 雖深不報, 怨則淺亦報之.
聞人之惡, 雖隱不疑, 善則顯亦疑之.
此刻之極, 薄之尤也.
宜切戒之.

삶이 무거울 때 채근담을 읽는다

──────── 부끄러운 일이지만 이 또한 세상 인심이다. 적대심과 시기심은 열등감에서 비롯되는 마음의 아픔이다.

흔한 예로 진상이 정확히 밝혀지지 않은 사건이라도 유명인이 구설에 오르면 곧바로 뉴스 기사가 되고 비난의 댓글이 쇄도한다. 그러다가 진실이 밝혀져 아무 잘못이 없다는 사실이 드러나면 뉴스거리가 되지 못한다.

그러나 아무리 세상 인심이 이렇다고 할지라도 나 자신은 그렇게 살지 않겠다는 마음을 가져야 할 것이다. 다른 사람들보다 스스로에게 집중하는 삶을 살면 이런 세태에 초연해질 수 있을 것이다.

사람 욕심을 부리면
아첨꾼만 넘쳐난다

사람을 쓸 때는 너무 각박하면 안 된다.

너무 각박하면 힘을 다해 일하려던 사람마저 떠난다.

친구를 사귈 때는 너무 넘치면 안 된다.

너무 넘치면 아첨하는 사람들이 다가온다.

—— 전집 210

用人, 不宜刻.
刻則思效者去.
交友, 不宜濫.
濫則貢諛者來.

삶이 무거울 때 채근담을 읽는다

일하면서 사람을 쓸 때 가혹하게 대하면 열심히 일하던 사람들마저 나를 떠나게 된다. 사람을 얻고자 할 때는 면면을 잘 살펴야 한다. 무턱대고 인간관계만 넓히다 보면 어느새 주변이 아첨꾼들로 넘쳐나게 된다. 수많은 인맥을 자랑하는 사람들이 꽤 있다. 정말로 그 많은 사람들이 모두 진정한 인맥일까?

그렇다고 해서 사람을 가리고 깐깐하게 굴어야 한다는 이야기는 아니다. 호불호의 감정을 떠나 여러 사람과 폭넓게 어울리는 것도 필요하다. 다만 그 사람들을 내 사람들이라고 착각해서는 안 된다. 마음이 연결되는 관계를 갖고자 노력하지 않으면 좋은 인간관계를 맺을 수 없다는 뜻이다.

○

잘되고 싶다.

잘나가고 싶다.

아름다워지고 싶다.

부자가 되고 싶다.

사람의 욕망은 끝이 없는 법이지만,

욕심에 얽매인 마음을 조금만 풀어보면

행복은 이미 내 안에 있다는 사실을 알 수 있다.

있는 그대로의 자연은 그 자체로 아름답다.

있는 그대로의 나 자신도 그 자체로 아름답다.

나의 진정한 자아를 찾아 떠나보자.

제5장

잘되고 싶은 나를 생각하다

마음을 살피면 진심이 보인다

밤 깊어 인적 고요한 때 홀로 마음을 살피노라면, 망상은 사라지고
진심이 드러남을 알게 되니, 언제나 이런 가운데 자유롭게 노니는
마음의 움직임을 깨닫게 된다.
이미 진심이 드러났는데도 망상에서 헤어나오기 어려움을 깨닫는
다면, 이 또한 크나큰 부끄러움임을 느끼게 될 것이다.

—— 전집9

夜深人靜, 獨坐觀心, 始覺妄窮而眞獨露, 每於此中, 得大機趣.
旣覺眞現而妄難逃, 又於此中, 得大慚忸.

삶이 무거울 때 채근담을 읽는다

─────── 최근 명상을 하는 사람들이 부쩍 늘고 있다고 한다. 좋은 일이다. 하루하루가 정신없겠지만 늦은 밤 잠자리에 들기 전 단 5분이라도 가만히 앉아 눈을 감고 자신의 마음을 들여다보는 것은 어떨까?

자신의 진심을 들여다볼 수 있는 사람은 자신밖에 없다. 그런데 나 자신마저도 나를 들여다보지 못하고 살아간다. 그러니 '도무지 나도 나를 모르겠다' 하는 것이다. 혼자 있을 때 자신의 내면과 만나는 시간을 가져보자. 내 참된 마음이 무엇인지 살피고, 그런데도 왜 나는 이토록 아등바등 사는지 돌아보면서 스스로를 꾸짖어보자.

뜻대로 되지 않을 때는
처음의 뜻을 살핀다

일이 막혀 궁지에 빠진 사람은 마땅히 처음 시작할 때의 마음으로

돌아가야 한다.

이미 성공해서 만족한 사람은 마지막 길을 내다봐야 한다.

── 전집 30

事窮勢蹙之人, 當原其初心.
功成行滿之士, 要觀其末路.

———　　"초심으로 돌아가자"는 말도 있고, "유종의 미를 거두자"는 말도 있다. 무엇이든 일의 성패를 결정하는 핵심은 처음과 끝에 있으며, 이 가운데 하나가 잘못되면 대개는 실패로 끝난다.

　그렇다면 '초심'과 '유종의 미' 중에서 무엇이 더 중요할까? 둘 다 중요하다. 초심을 놓치면 당연히 실패할 것이고, 다행히 초심을 유지해서 성공을 거두더라도 끝이 나쁘면 그 또한 결국 실패이기 때문이다. 그래서 초심으로 돌아가 처음 품었던 뜻을 살피되, 마지막 결과가 어떻게 될지 미리 헤아려보는 것도 필요하다.

　과거를 보면 현재가 보인다. 또한 미래를 보면 현재가 보인다.

서로 비교하면서 균형을 찾는다

사람은 각각의 처지에서 갖출 수도 있고 갖추지 못할 수도 있거늘,
어찌 나 혼자서만 갖출 수 있겠는가.

자신의 마음을 보더라도 순리에 맞을 때도 있고 맞지 않을 때도 있
거늘, 어찌 남들을 모두 순리대로 살게 하겠는가.

이런 이치로 서로 비교하면서 균형을 잡는 일도 세상을 살아가는
요령이 될 것이다.

—— 전집 53

人之際遇, 有齊有不齊, 而能使己獨齊乎.
己之情理, 有順有不順, 而能使人皆順乎.
以此相觀對治, 亦是一方便法門.

삶이 무거울 때 채근담을 읽는다

─────── 오늘날 만연한 개인주의가 문제라고 비판하는 사람들이 있는데, 이는 개인주의를 이기주의로 오해한 탓이다. 개인주의란 사회보다 개인의 존재와 가치를 중시하는 사상이다. 그래서 나뿐만 아니라 다른 사람들의 존재와 가치도 중요하게 받아들인다. 반면 오직 나의 이익만 생각하는 것이 이기주의다. 타인에게 피해가 가든 말든 관심이 없다.

개인주의는 각각의 개인을 중시하므로 서로의 생각과 관점을 존중하는 넓은 마음이 요구된다. 다른 사람과 자신을 비교하려면 우선 자신의 마음을 알아야 한다. 나의 마음을 들여다보지 못하는 사람은 남의 마음도 모른다. 언제나 문제는 내 안에 있는 것이다.

참된 가치는 나의 마음에 있다

사람마다 마음속에 한 권의 참된 문장이 있으나, 옛사람들의 하찮은 몇 마디 말에 갇혀버렸다.

사람마다 마음속에 참된 음악이 있으나, 세상의 난잡한 노래와 춤에 묻혀버렸다.

모름지기 배우는 사람은 바깥의 사물을 쓸어내고 본래의 마음을 찾아야 참된 가치를 얻게 될 것이다.

—— 전집 57

人心有一部眞文章, 都被殘編斷簡封錮了.

有一部眞鼓吹, 都被妖歌艶舞湮沒了.

學者須掃除外物, 直覓本來, 纔有個眞受用.

─────── 《논어》제2편 '위정(爲政)'에 나오는 유명한 말 '온고이지신(溫故而知新)'을 알고 있을 것이다. "옛것을 익혀서 새로운 것을 안다"는 뜻이다. 옳은 이야기다. 하지만 공자의 이 말에서 옛것, 즉 고전(古典)을 익히는 것은 '새로운 것을 알기' 위함이지 고전 자체가 목적이 될 수는 없다. 맹목적인 답습은 오히려 옛날 가치에 사로잡혀 앞으로 나아가지 못하게 만든다.

나만의 참된 가치는 나의 마음에 있다. 다른 이들의 생각은 내 생각을 다듬고 정리하는 정도로만 참조하고, 자신의 마음속에 이미 깃들어 있는 가치를 찾아야 할 것이다.

홀가분한 마음이 가장 큰 즐거움이다

사람들은 높은 명성과 지위만 즐거움인 줄 알고, 이름 없고 지위 없는 즐거움이 참된 즐거움인 줄은 모른다.

사람들은 굶주리고 추운 것만 근심인 줄 알고, 굶주리지 않고 춥지도 않은 근심이 더 큰 근심인 줄은 모른다.

── 전집 66

人知名位爲樂, 不知無名無位之樂爲最眞.
人知饑寒爲憂, 不知不饑不寒之憂爲更甚.

───── 　조금 더 의역해보면 이렇다. "높은 명성이나 지위를 얻는 것보다 홀가분하게 사는 것이 더 즐겁고, 배고프고 추운 걱정보다 잘먹고 잘사는 사람들이 하는 걱정이 더 심한 괴로움"이라는 의미다. 높은 명성과 지위, 많은 재산에는 그에 버금가는 근심과 괴로움이 따르는 법이다.

그렇다고 해서 미래를 포기하고 현재에 만족하며 살라는 뜻은 아니다. 저런 것들을 얻으면 마냥 즐겁고 행복하리라는 생각을 버리라는 이야기다.

괴로움 속에서 찾은 즐거움이
진짜 즐거움이다

고요한 곳에서의 고요함은 참된 고요함이 아니다.

어수선함 속에서 고요함을 찾으면 마음의 참된 경지에 이를 수

있다.

즐거운 곳에서의 즐거움은 참된 즐거움이 아니다.

괴로움 속에서 즐거움을 찾으면 마음의 참된 쓰임새를 볼 수 있다.

── 전집 88

靜中靜非眞靜.

動處靜得來, 裁是性天之眞境.

樂處樂非眞樂.

苦中樂得來, 纔見以體之眞機.

삶이 무거울 때 채근담을 읽는다

——— 맛있는 음식을 먹으면 당연히 맛있게 느껴진다. 맛없는 음식을 먹으면서 맛을 찾을 수 있을 때 진짜 맛을 느끼는 것이다. 고요한 곳에 있으면 당연히 고요하게 느껴진다. 소란함 속에서 고요함을 찾을 때 진짜 고요함을 느끼는 것이다. 즐거운 곳에서는 당연히 즐겁게 느껴진다. 괴로움 속에서 즐거움을 찾을 수 있을 때, 그것이야말로 진짜 즐거움이다.

마음이 평온하면 세상이 평온해진다

자신의 마음을 살펴 늘 원만하게 할 수 있다면, 천하는 한 점 결함 없는 세계가 될 것이다.

자신의 마음을 열어 늘 너그럽게 할 수 있다면, 천하의 험악한 인정은 저절로 사라질 것이다.

── 전집 97

此心常看得圓滿, 天下自無缺陷之世界.
此心常放得寬平, 天下自無險側之人情.

삶이 무거울 때 채근담을 읽는다

─────── 비뚤어진 마음을 가진 사람은 무엇이든 삐딱하게 바라보기에 세상을 좋게 보지 않는다. 자기 마음의 거울에 비친 세상이 뒤틀려 있기 때문이다. 하지만 평온한 마음을 가진 사람은 무엇이든 제대로 바라보기에 세상을 있는 그대로 본다.

세상이 비뚤어진 게 아니라 자신의 마음이 비뚤어진 것을 모르고 자기 인생을 남 탓과 세상 탓으로 돌리는 데 허비하는 사람이 많다. 본래 사람이 모인 세상은 이상향이 아니다. 유토피아는 현세에서 찾을 수 없다. 그도 그럴 것이 불완전한 존재인 사람이 모여 사는 세상이다. 허점도 많고 모순도 생긴다. 비합리적이고 비정상적인 일이 일어나기도 한다. 그것을 조금씩 계속해서 바로잡고 바꿔나가고 있는 것이 인류의 역사다.

그렇기 때문에 내 마음을 살피고 열어서 원만하고 너그럽게 살아야 한다. 그러면 세상은 적어도 나에게는 원만하고 너그럽게 다가올 것이다.

괴로움을 없애면 즐거움이 찾아온다

물은 물결이 일지 않으면 스스로 안정되고, 거울은 먼지가 끼지 않으면 저절로 밝다.

그러므로 마음을 애써 맑게 할 필요가 없으니, 흐린 것을 버리면 스스로 맑아진다.

즐거움도 애써 찾을 필요가 없으니, 괴로움을 없애면 즐거움이 저절로 찾아온다.

—— 전집 151

水不波則自定, 鑑不翳則自明.
故心無可淸, 去其混之者而淸自現.
樂不必尋, 去其苦之者而樂自存.

———— 물은 원래 잔잔한데 바람이 불거나 비가 내려 출렁이게 만든다. 거울은 원래 맑고 밝은데 먼지가 끼어 뿌옇게 흐려진다. 이와 마찬가지로 우리의 마음도 원래 맑으나 갖가지 상념과 걱정으로 흐려지게 만든다. 물의 걸림돌은 비바람이다. 거울의 훼방꾼은 먼지다. 마음의 방해물은 상념과 걱정이다.

원인을 제거하면 문제가 해결된다. 즐거움을 훼방놓고 방해하는 것은 괴로움이다. 괴로움이 즐겁지 못하게 만드는 원인이다. 따라서 괴로움을 없애버리면 즐거워진다. 우리는 너무 많은 것들에 얽매이면서 살아간다. 추워도 걱정이고 더워도 걱정이다. 사소한 것들 하나하나에 마음 뺏기지 말고 지나치게 고민하지 말자.

마음이 밝으면 언제나 당당할 수 있다

공적을 뽐내고 문장을 자랑하는 까닭은 그 사람이 바깥 사물에 기
대어 살기 때문이다.

마음 바탕을 밝게 해서 그 근본을 잃지 않으면, 비록 한 치의 공적
이나 한 글자의 지식 없이도 스스로 당당한 사람이 될 수 있음을
모르는 것이다.

── 전집 183

誇逞功業, 炫耀文章, 皆是高外物做人.
不知心體瑩然, 本來不失, 卽無寸功隻字, 亦自有堂堂正正做人處.

─── 《논어》 제1편 '학이'에서 공자는 "말을 교묘하게 하고 얼굴빛을 꾸미는 사람은 인이 드물다(巧言令色, 鮮矣仁)"고 했으며, 제13편 '자로(子路)'에서는 "강직하고 의연하며 소박하고 어눌한 사람은 인에 가깝다(剛毅木訥, 近仁)"고 말했다.

자신을 대단하다고 떠벌리는 사람 치고 정말 내실 있는 사람은 보지 못한 것 같다. 그런 사람이 내세우는 것들 대부분은 외적인 것들이다. 지식인이라 불리는 이들 중에서도 말끝마다 "~의 말에 따르면" 식으로 젠체하는 사람들이 있다. 인용해서 말하는 것이 잘못은 아니지만, 문제는 그 사람이 뽐내려는 자기 지식 대부분이 사실상 남의 이야기라는 데 있다. 그저 허울이다.

진정으로 중요한 것은 내가 가진 마음의 밑바탕이다. 마음이 밝으면 언제 어디서든 당당할 수 있다. 그리고 그런 사람에게 배움의 자격이 있다.

편협된 생각은 고치기 어렵다

욕망을 좇는 병은 고칠 수 있으나, 편협된 이치에 집착하는 병은
고치기 어렵다.

물리적 장애는 없앨 수 있으나, 정신적 장애는 없애기 어렵다.

—— 전집 190

縱欲之病可醫, 而執理之病難醫.

事物之障可除, 而義理之障難除.

삶이 무거울 때 채근담을 읽는다

──────── 잘못된 욕망은 그래도 바로잡을 수 있다. 욕망은 아직 실현되지 않은 것을 향한 욕구이기 때문이다. 그러나 잘못된 신념은 치료하기가 매우 어렵다.

물리적인 걸림돌은 치우거나 없앨 수 있지만, 정신적인 걸림돌은 한번 박히면 뿌리 뽑기가 무척 힘들다. 이미 믿음의 영역으로 들어섰기 때문이다. 이들은 자신이 무조건 옳다고 믿기에 다른 사람들의 충고는 그저 잘 몰라서라고 치부해버린다.

잘못된 신념이 얼마나 무서운지 우리는 경험으로써 알고 있다. 고집불통의 사람이 되지 않도록 늘 조심해야 한다.

정신 똑바로 차리고 산다

기쁨에 들떠서 가볍게 승낙하면 안 된다.

술에 취했다고 해서 성내면 안 된다.

즐거움에 들떠서 일을 벌이면 안 된다.

고달프다고 해서 끝맺음을 소홀히 하면 안 된다.

── 전집 216

不可乘喜而輕諾.
不可因醉而生嗔.
不可乘快而多事.
不可因倦而鮮終.

─────── 아무 장단이나 다 맞추고 살다가는 낭패를 당하고 만다. 마음이 들뜨면 경솔히 행동하게 되고, 경솔한 행동은 대부분 그 끝이 좋지 않다. 대부분의 실수는 감정에 들떠 있을 때 저질러진다.

무엇이든지 지나치면 탈이 난다. 평소처럼 사는 것이 실수를 방지하는 방법이다. 평소와 다르다는 기분이 들 때는 그동안 하지 않던 행동을 해서는 안 된다.

일찍 시들기보다
늦게 이루는 것이 낫다

복사꽃과 오얏꽃이 비록 곱지만, 어찌 푸른 소나무와 잣나무의 굳
고 곧음만 하겠는가.

배와 살구가 비록 달지만, 어찌 노란 유자와 초록 귤의 향기로움과
같겠는가.

참으로 옳은 말이니, 곱지만 일찍 시드는 것은 담백하지만 오래가
는 것에 미치지 못한다.

일찍 **빼**어난 것은 더디게 이루는 것만 못하다.

—— 전집 224

桃李雖艷, 何如松蒼栢翠之堅貞.
梨杏雖甘, 何如橙黃橘綠之馨冽.
信乎, 濃夭不及淡久.
早秀不如晚成也.

삶이 무거울 때 채근담을 읽는다

─────── 짧은 시간 화려하게 타오르고 끝낼 것인가, 아니면 오래도록 잔잔히 빛날 것인가? 각자의 인생관에 따라 다를 수 있을 것이다. 하지만 여기에서 말하고자 하는 뜻은 좀 더디다고 초조해하지 말라는 의미다. 아무리 곱고 예뻐도 일찍 시드는 것보다, 소박하고 담담해도 오래도록 푸른 것이 자연을 더욱 아름답게 만든다.

우리의 삶도 마찬가지다. 너무 일찍 풀리면 그만큼 일찍 꼬인다. 더 많은 경험과 더 많은 학습을 통해 더 단단해진 뒤에 풀리면 더 오래간다. 초목이 성장하고, 잎이 번성하고, 꽃을 피우고, 열매를 맺듯이, 사람도 성장하면서 지혜를 축적하고, 부를 늘리고, 다른 사람들과 서로 즐기면서 삶을 천천히 누리는 것이 좋다.

세상 모든 것들로부터
깨달음을 얻는다

새와 벌레가 우짖는 소리는 모두 마음을 전하는 비결이다.

꽃과 풀의 빛깔은 모두 도를 전하는 무늬다.

배우는 사람은 마음을 맑게 하고 가슴속을 영롱하게 해서, 듣고 보

는 것마다 깨달음을 얻고자 애써야 한다.

—— 후집 7

鳥語蟲聲, 總是全心之訣.
花英草色, 無非見道之文.
學者要天機淸澈, 胸次玲瓏, 觸物皆有會心處.

─────   배우려는 사람의 마음은 이래야 한다. 세상 만물이 깨달음의 교과서다. 무엇 하나 진리를 전하고 있지 않은 것이 없다는 말이다. 자연이 주는 것만 제대로 받아들여도 인생은 훨씬 행복해질 수 있다.

뜻이 넓으면 세상도 넓어진다

세월의 길고 짧음은 생각에서 비롯되고, 세상의 좁고 넓음은 마음
에 달려 있다.

마음이 한가로우면 하루가 천 년보다 길고, 뜻이 넓은 사람은 좁은
방도 하늘과 땅 사이만큼 넓다.

—— 후집 19

延促由於一念, 寬窄係之寸心.
故機閑者, 一日遙於千古, 意廣者, 斗室寬若兩間.

─────── "시간과 인내가 뽕잎을 비단으로 바꾼다"는 속담이 있다. 누에는 뽕나무 잎을 먹고 자라다가 번데기가 되는데, 이때 자기 몸을 보호하고자 실을 토해내 고치를 만든다. 그 고치를 풀어헤친 게 명주실이며 그것으로 비단을 짜고 옷을 만든다.

누에를 길러 고치를 생산하는 일을 '양잠(養蠶)'이라고 부른다. 약 3,000년 전부터 시작된 양잠은 오랜 세월을 거치는 동안 엄청난 기술적 진보를 이뤘다. 그러나 누에가 알에서 태어나고 번데기가 되기까지의 시간은 예나 지금이나 똑같다. 아무리 기술이 발전했어도 어찌할 수가 없는 것이다.

우리의 삶도 마찬가지다. 뭔가를 이루기 위해서는 절대적인 시간이 필요하다. 이를 인지하고 그 시간을 얼마나 유용하게 사용할지 고민해야 한다. 시간이 없어서 못한다는 사람은 시간이 있어도 못한다. 바쁘다는 마음이 세상을 좁게 만드는 것이다. 무슨 일이든 마음을 가라앉히고 넓은 안목으로 사물을 바라보면 반드시 큰 성장과 변화를 이룰 수 있다.

마음이 환경을 바꾼다

시끄럽고 번잡한 때를 당하면, 평소의 밝던 기억도 모두 잊힌다.

맑고 고요한 자리에 있으면, 지난날 잊었던 것도 눈앞에 생생히 나타난다.

고요함과 시끄러움이 조금만 나뉘어도, 마음의 어둠과 밝음은 뚜렷이 달라진다.

—— 후집 38

時當喧雜, 則平日所記憶者皆漫然忘去.
境在淸寧, 則夙昔所遺忘者又恍爾現前.
可見靜躁稍分, 昏明頓異也.

─── 사람은 당연히 환경의 영향을 받는다. 소란스럽고 정신없는 상황에서 차분해지기 어렵고, 고요하고 적막한 곳에서 들뜨기도 어렵다.

그런데 상황과 환경은 나에게 들뜨라거나 차분해지라고 종용하지 않는다. 나 자신이 그렇게 느끼는 것이다. 나의 모든 감정은 내 마음속에서 나오는 것이지 외부에서 주입되는 게 아니다. 쉬운 일은 아니지만, 외부 환경에 영향받지 않고 마음의 중심을 잡고자 애써야 한다.

반대로 환경을 바꾸는 것도 방법이다. 차분해지고 싶을 때는 차분해질 수 있는 환경을 만든다. 생각할 시간이 필요할 때는 생각에 집중할 수 있는 상황을 만든다. 가끔 조용한 곳을 찾아 휴식을 취하면서 마음의 안정을 도모하는 것도 꼭 필요한 일이다.

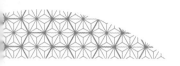

모든 것은 변한다는 사실만
변하지 않는다

머리카락이 빠지고 이가 성글어지면, 헛된 형체가 시드는 대로 맡긴다.

새가 울고 꽃이 노래하면, 그런 본성에 참된 진리가 있음을 알게 된다.

—— 후집 51

髮落齒疎, 任幻形之彫謝.
鳥吟花笑, 識自性之眞如.

삶이 무거울 때 채근담을 읽는다

───── 세상 모든 생명은 태어나면 늙게 되고 반드시 수명을 다하게 된다. 요즘은 의료 기술이 좋아서 이가 빠지면 임플란트 시술을 받으면 되고 여러 가지 약 처방도 받을 수 있지만, 그래도 결국 죽는다. 자연의 섭리가 그렇다. 바꿀 수가 없다. 순순히 받아들이는 것이 정신 건강에 이롭다. 성하면 쇠하고 흥하면 망하는 것이 자연의 이치임을 알고, 빌려온 몸 한평생 잘 쓰다 간다는 생각으로 살아야겠다.

세월의 흐름에 맡기고 살다 보면 거대한 흐름 속에서 변하지 않는 자연의 참모습이 있다는 사실을 깨닫게 될 것이다. 따뜻한 봄날, 언제나 그랬듯 지저귀는 새들과 만발한 꽃들도 지난날의 그 새와 꽃이라고 장담할 수 없다. 한 마리 새가 죽어도 다른 새가 대신 울고, 예전 꽃은 시들었어도 다른 꽃이 그 자리에서 노래한다. 우리 또한 그렇다. 우리가 죽어도 세상은 돌아간다. 슬플 것도 없고 아쉬울 것도 없다.

사람의 마음은 채우기 어렵다

눈으로 서진의 가시나무와 개암나무를 보면서도 칼날의 푸른 서
슬을 뽐낸다.

몸은 북망산의 여우와 토끼의 몫이건만 여전히 황금을 아낀다.

속담에 이르기를, "사나운 짐승은 길들일 수 있어도 사람의 마음은
굴복시키기 어렵고, 깊은 골짜기는 채울 수 있어도 사람 마음은 채
우기 어렵다"고 하였다.

참으로 그렇다.

—— 후집 65

眼看西晉之荊榛, 猶矜白刃.

身屬北邙之狐兎, 尙惜黃金.

語云, 猛獸易伏, 人心難降. 谿壑易滿, 人心難滿.

信哉.

삶이 무거울 때 채근담을 읽는다

──────── 서진(西晉)은 《삼국지연의(三國志演義)》에서 제갈량(諸葛亮)의 라이벌로 유명한 사마의(司馬懿)의 손자 사마염(司馬炎)이 위나라를 빼앗아 세운 나라다. 그 나라가 망해서 도읍이 황폐해졌는데도 사람들은 여전히 싸움을 멈추지 않더라는 이야기다. 또한 몸이 죽으면 땅속에 묻혀 내 무덤이 여우와 토끼의 놀이터가 될 뿐인데, 사람들은 사는 내내 돈만 좇는다는 의미다.

굴복시킬 수도, 채울 수도 없는 것이 사람의 마음이다. 그 또한 세상의 이치라면, 삶에서 굴하지 말아야 할 것과 반드시 채워야 할 것에는 무엇이 있을까?

초연한 것이 즐기는 것이다

물고기는 물을 얻어 헤엄치면서도, 물에 있음을 잊는다.

새는 바람을 타고 날면서도, 바람에 있음을 모른다.

이를 안다면, 사물에 얽매이지 않고 천지의 작용을 즐길 수 있다.

—— 후집 68

魚得水逝, 而相忘乎水.
鳥乘風飛, 而不知有風.
識此, 可以超物累, 可以樂天機.

　　　　　　삶이 무거울 때 채근담을 읽는다

———   자신을 옭매는 제약을 신경 쓰지 않으면 더 이상 제약
이 아니다. 내가 처한 상황이나 조건을 어떤 관점에서 보느냐에 따라
좋을 수도 나쁠 수도 있다. 가장 바람직한 태도는 아예 신경을 쓰지
않는 것이다.

주변을 의식하지 않으면 자유로워진다. 나의 자유를 방해하는 것
또한 나의 마음이다. 우리가 살아서 숨 쉴 수 있는 것은 공기가 있기 때
문이다. 하지만 공기가 있는 줄 계속 의식하면서 살지는 않는다. 물고
기가 물을 잊고 새가 바람을 모르듯, 우리도 공기 생각 안 하고 산다. 다
른 것들도 그렇게 신경 끄고 살면 보다 즐겁지 않을까?

현재에 충실하면 잡념을 버릴 수 있다

오늘날 사람들은 무념을 구하면서도 끝내 생각을 없애지 못한다.
지난 생각에 마음 두지 않고, 앞으로의 생각을 미리 하지 않으며,
현재 있는 일만 담담히 처리해나간다면, 자연스럽게 무념의 경지
에 이를 수 있다.

—— 후집 81

今人專求無念, 而終不可無.
只是前念不滯, 後念不迎, 但將現在的隨緣, 打發得去, 自然漸漸入無.

　　　　　삶이 무거울 때 채근담을 읽는다

────── 잡생각이 많이 들 때 가장 좋은 방법은 지금 뭔가를 하는 것이다. '무념(無念)'은 매우 어려운 개념이지만 여기에서는 아무것도 없는 순수한 마음, 상념에서 벗어난 깨끗한 마음 정도로 여기면 된다.

그런데 우리는 속인(俗人)이고 바쁜 현대인이기 때문에 '무념무상(無念無想)'을 추구하며 살 수는 없다. 다만 갖가지 상념으로 괴로울 때 그것으로부터 벗어날 필요는 있다. 상념은 사유와 달라서 마음을 어지럽고 혼란스럽게 만든다. 삶에 도움이 되지 않는다.

그럴 때는 힘들게 무념하려고 애쓰지 말고 전념(專念)을 하자. 지금 하는 일에만 생각을 집중하는 것이다. 밖으로 마음을 돌리지 않고 오롯이 한 가지 일에 마음을 집중한다. 그러면 자신도 모르게 잡념이 사라지고 머릿속이 깨끗해질 것이다.

자연과 마음이 하나되면 틈이 없다

눈 내린 밤 달 밝은 하늘을 보면, 마음의 경지가 맑아진다.

봄바람의 따뜻한 기운을 만나면, 마음의 경계가 녹는다.

이렇듯 자연의 조화와 사람의 마음은 혼연히 어우러져 틈이 없다.

—— 후집 92

當雪夜月天, 心境便爾澄徹.

遇春風和氣, 意界亦自沖融.

造化人心, 混合無間.

———— 청명한 가을날 붉게 물든 단풍을 보면서 추억에 젖어들고, 따뜻한 봄날 햇살에 피어오르는 아지랑이를 바라보며 새로운 희망을 느낀다.

계절이 돌아오고 날씨가 바뀔 때마다 우리의 마음도 그에 따라 움직인다. 사람도 결국 자연의 일부다. 겸손한 마음으로 자연의 조화와 혼연일체가 되어 순리대로 살 수 있도록 노력해보자.

사람을 멀리하면 아집에 빠진다

고요함을 좋아하고 시끄러움을 싫어하는 사람은, 사람을 피함으로써 고요함을 찾는다.

그러나 사람이 없는 곳에 뜻을 두면 자신의 아집에 집착하게 되고, 마음의 고요함에 집착하면 마음을 동요케 하는 뿌리가 되니, 어찌 나와 남을 하나로 보고 움직임과 고요함 모두를 잊는 경지에 이를 수 있겠는가.

—— 후집 105

喜寂厭喧者, 往往避人以求靜.
不知意在無人, 便成我相, 心着於靜, 便是動根, 如何到得人我一視, 動靜兩忘的境界.

━━━━━ 때로는 인적 없는 곳에서 나만의 시간을 갖는 것도 필요하다. 나의 내면을 돌아보면서 휴식과 더불어 삶의 의지를 다질 수 있는 기회가 된다.

그렇지만 전제가 깔려 있다. 우리는 다시 세상 속으로 돌아와야 한다. 초야에 묻혀 평생 혼자 살 것이 아니라면 다시 세상과 부대껴야 한다. 그것이 속인인 우리의 운명이다. 시끄럽다고 해서 귀를 없앨 수 없고 꼴 보기 싫다고 해서 눈을 버릴 수 없다. 시끄럽고 꼴 보기 싫은 그 속에서 평안을 찾아야 진짜 평안이다. 자꾸 회피하다 보면 나만의 생각에 매몰돼 아집만 키우게 된다.

자연과 친해지면 마음이 치유된다

높은 곳에 오르면, 사람의 마음이 넓어진다.

흐르는 물에 서면, 사람의 뜻이 깊어진다.

비나 눈이 내리는, 밤에 책을 읽으면 사람의 정신이 맑아진다.

언덕에 올라 시를 읊으면, 사람의 흥취가 높아진다.

── 후집 113

登高, 使人心曠.
臨流, 使人意遠.
讀書於雨雪之夜, 使人神淸.
舒嘯於丘阜之嶺, 使人興邁.

———— 사람도 결국 자연의 일부라고 했다. 그렇기에 자연은 사람의 가장 좋은 친구다. 자연을 벗 삼아 친하게 지내다 보면 마음속에 쌓이는 세속의 앙금을 그때그때 털어낼 수 있다.

자연과 친해지는 데 특별한 방법이 있는 것은 아니다. 그냥 자연을 찾으면 된다. 특별히 뭔가를 하지 않아도 집으로 돌아올 때면 자신의 삶이 평온하다는 느낌을 받으면서 활력을 찾게 된다.

자연은 사람의 마음을 치유하는 신비한 힘을 가졌다. 가끔은 그 힘에 마음을 맡겨보자.

삶의 주인으로 살아가면
하늘도 인정한다

바람과 달과 꽃과 버드나무가 없으면, 자연의 조화는 이뤄지지 않

는다.

욕망과 기호가 없으면, 사람 마음의 본체도 이뤄지지 않는다.

다만 내가 사물을 움직이고 사물이 나를 부리지 않게 한다면, 기호

와 욕망도 하늘의 작용이 아닌 것이 없으며, 곧 세속의 마음도 진

리의 경계가 된다.

—— 후집 115

無風月花柳, 不成造化.

無情欲嗜好, 不成心體.

只以我轉物, 不以物役我, 則嗜欲莫非天機, 卽是理境矣.

삶이 무거울 때 채근담을 읽는다

─── 얻고 싶은 것이 있고 좋고 싫음이 있는 게 사람의 마음이다. 자연에 무엇 하나 필요 없는 것이 없듯이, 우리의 마음에도 기호와 욕망이 필요하다. 삶을 살아가는 에너지가 되기 때문이다.

다만 그 마음을 주체적으로 확실히 제어해야 한다. 세상 사물에 휘둘린다면 내 마음의 온전한 주인이 아니며 내 삶의 주인이 아니다.

있는 그대로의 나를 사랑하고, 있는 그대로의 남을 사랑하고, 있는 그대로의 세상을 사랑하면서, 내가 살아가는 이 삶을 소중하게 즐겨보자. 그런 삶이라면 하늘도 인정할 수밖에 없을 것이다.

삶이 무거울 때 채근담을 읽는다

초판 1쇄 인쇄 2021년 1월 8일
초판 1쇄 발행 2021년 1월 15일

엮고 지은이 사쿠 야스시
옮긴이 임해성
펴낸이 조민호

펴낸곳 안타레스 유한회사
출판등록 2020년 1월 3일 제2020-000005호
주소 서울시 마포구 신촌로2길 19 마포출판문화진흥센터 314호
전화 070-8064-4675 팩스 02-6499-9629
이메일 antares@antaresbook.com 블로그 antaresbook.com
페이스북 facebook.com/antaresbooks 인스타그램 instagram.com/antares_book

한국어판 출판권 ⓒ 안타레스 유한회사, 2021
ISBN 979-11-969501-6-3 03190